Johann Gottlob Benjamin Pfeil

Lucie Woodvil

ein bürgerliches Trauerspiel in fünf Aufzügen

Johann Gottlob Benjamin Pfeil

Lucie Woodvil
ein bürgerliches Trauerspiel in fünf Aufzügen

ISBN/EAN: 9783743424203

Hergestellt in Europa, USA, Kanada, Australien, Japan

Cover: Foto ©ninafisch / pixelio.de

Manufactured and distributed by brebook publishing software (www.brebook.com)

Johann Gottlob Benjamin Pfeil

Lucie Woodvil

Lucie Woodvil,

ein

bürgerliches Trauerspiel

in fünf Aufzügen.

Leipzig,
bey Carl Friedrich Schneider,
1786.

Personen.

Wilhelm Southwell, Ritter.

Karl Southwell, dessen Sohn.

Lucie Woodvil.

Amalie, Freundinn der Lucie.

Robert, Amaliens Vater und Freund des Sir Wilhelms.

Betty, Bediente der Lucie Woodvil.

Jakob, Bedienter von Karl Southwell.

Einige Bedienten.

(Der Schauplatz ist auf dem Schlosse des Ritters Wilhelm Southwell.)

Erster Akt.
Erster Auftritt.

Sir Wilhelm. Sir Robert.

Wilhelm.

Nein, Robert, table diese Betrübniß nicht; Und wenn sie noch größer seyn könnte, was für ein armseliges Opfer wäre sie immer noch für die Verbrechen, mit welchen ich in meinen jüngern Jahren Gott und die Welt beleidigt habe?

Rob. Dieser Eifer, mit welchem Dein Herz wieder zu der Tugend zurückgekehrt ist, hat Dich bereits mit Gott und dem tugendhaften Theile der Welt wegen dieser Beleidigungen ausgesöhnet. Deine guten Handlungen haben nunmehr Deine bösen ungeschehen gemacht.

Wilh. Was sind diese guten Handlungen? Können sie einem elenden Greise das traurige Andenken rauben, daß er in seiner Jugend ein Bösewicht war?

Wer weiß, von wie vielen künftigen Lastern ich noch die elende Ursache bin? Wer weiß, wie viel Personen ich, auch ohne daß ich sie kenne, bereits zu Verbrechern gemacht habe, oder noch machen werde? Kann ich bey allen diesen Vorstellungen eine Freude zu empfinden fähig seyn?

Rob. Sieh auf angenehmere Scenen Deines Lebens; auf die Unglücklichen, denen Du in Deinen weisern Jahren die Zähre des Elends abgetrocknet hast; auf Deinen Sohn, welcher der Welt einen vernünftigen Mann verspricht; auf Lucien —

Wilh. Nenne mir diesen Namen nicht. Er ist ein Dolch in meiner Seele.

Rob. Wie? der Name derjenigen, die alle Deine Liebe besitzt? die Dir eben so viel Liebe wieder zurück giebt? —

Wilh. Sprich vielmehr, die mich hassen, die mich verabscheuen müßte, wenn ich mich nicht bemühte, das Laster, mit welchem ich sie beleidigt habe, vor der ganzen Welt und ihren eigenen Augen, außer vor den Deinigen, zu verbergen.

Rob. Und selbst dies, daß Du es verbirgst, kann Dich beruhigen.

Wilh. Mich beruhigen? kennst Du mein Herz nicht? Wie viel Freuden, unaussprechliche Freuden, raubt mir die Verbergung dieses Geheimnisses auf der einen Seite! und mit wie viel neuen Martern quält sie mich von der andern! Kein Augenblick, seitdem ich

sie

sie aus der Aufsicht der unglücklichen Frau Norris in mein Haus genommen habe, ist verschwunden, da ich nicht, so oft ich sie sehe, erzittere. Welche Stiche fühlt mein Herz, wenn sie mit allen ihren einnehmenden Liebkosungen mir für die Proben der Liebe und Freundlichkeit schmeichelt, die sie meiner Güte und Menschenliebe zuschreibt, und die sie — ach Freund! wem? dem Laster, zu danken hat. Alle Lobsprüche, mit denen mich die Unwissenheit meiner Freunde und Bekannten erhebet, verwandeln sich in meiner Seele in eben so viel Spöttereyen. Sie sind mir ein neuer Beweis von der Blindheit und Thorheit, mit der die Welt nur gar zu oft Leute erhebt, die sie nicht kennt, mit der sie Handlungen als Tugenden preiset, die bey allem ihrem äußerlichen Glanze Laster sind. Warum erheben sie doch meine Menschenliebe, mit welcher ich mich eines unglücklichen Mädchens annehme, das von ihren Aeltern weggesetzet, dem Verderben und dem Mitleid andrer war überlassen worden? Wüßten sie, daß alle diese Gütigkeiten nicht das Werk der Menschenliebe, sondern das Werk der Pflicht sind, und zwar einer Pflicht, die aus dem niedrigsten Laster entspringt, sie würden mich eben deswegen verachten, warum sie mich loben. Ich vergieße heimlich Thränen über ihren lärmenden Beyfall, wenn sie vielleicht glauben, daß ich darüber entzückt bin. Freund, Freund, welcher Unterschied zwischen einem Manne, den die Welt lobet, und dem sein Herz saget, daß er dies

Leb

Lob verdienet, und dem, der es fühlt, daß sie ihn nur bloß deswegen lobt, weil sie seine Schande nicht weiß.

Rob. Dein allzu zärtliches Herz überläßt sich einem Kummer, den es entbehren könnte. Erinnre Dich an Luciens Tugend. Sie allein könnte Dir die Empfindung aller Deiner Schmerzen rauben, wenn sie auch alle gegründet wären.

Wilh. Was ist menschliche Tugend, Robert! Wir, die wir oft nicht wissen, daß unsre eigne bereits in Gefahr ist, zu scheitern, können wir wissen, wie lange fremde noch blühen wird? Ich will Lucien nicht durch diese Rede beleidigen. Bisher habe ich ihr Herz noch jederzeit edel gefunden. Aber, Freund! was für eine quälende Entdeckung für mich habe ich gemacht! Ihr Auge verräth seit einiger Zeit einen heimlichen Gram. Konnte mir, der ich sie mehr als mich selbst liebe, dieser Gram unbemerkt bleiben? Selbst dieser ihr so natürlicher Stolz, dieser einzige Fehler, den ich an ihr zu verbessern suche, scheint bisweilen gänzlich aus ihren Mienen verbannet zu seyn. Sie hat gewisse Ahndungen in mir rege gemacht, die meine ganze Seele erschüttern. Ich, der ich die Liebe aus der unglücklichen Erfahrung kenne, weiß alle die verborgenen Krümmen, durch welche sie sich in das Herz einschleicht, und zuerst wieder ausbricht. Gott! ich zittere für die Tugend der Lucie, wenn sie liebt. Wen könnte sie sonst lieben, als meinen Sohn?

Rob.

Rob. Deinen Sohn, Wilhelm, wie erschreckst Du mich?

Wilh. Was können diese öftern Seufzer in seiner Gegenwart; diese Augen, die oft schmachtend auf die seinigen geheftet sind; dieser Ton der Zärtlichkeit, der die gemeinsten Reden an ihn begleitet; diese Schaamröthe, mit der sie ihn anblickt, und die ihr ein heimlicher Zeuge ihrer Verbrechen wird; was können diese weiter zu bedeuten haben?

Rob. Wie beantwortet sie Sir Karl?

Wilh. Mit Kaltsinnigkeit. Dies ist noch der einzige Trost, den mein Herz dabey empfindet. Aber ach! wie kurz kann er vielleicht dauern. Wie leicht kann Karl wankend werden, zumal wenn Amaliens Sprödigkeit noch länger währet. Dieser heutige Tag soll mich lehren, ob ich noch unglücklicher werden kann, als ich schon bin. Ich will ihr die unter uns verabredete Verbindung meines Sohnes mit Deiner Amalie entdecken. Die Miene, mit der sie diese Nachricht aufnehmen wird, soll mir ihre ganze Seele aufklären. Ich habe ihr gesagt, daß ich sie hier erwarte, und ich wundere mich, daß sie nicht schon hier ist. Gott! schütze Luciens Tugend wider ihr eigenes Herz, und laß mich dereinst, wenn ich sterbe, sie noch tugendhaft in meine Arme schließen! Sie kömmt, Robert. Ach! sie wischt eine Thräne, eine vielleicht strafbare Thräne von ihren Wangen. Laß mich allein mit ihr, lieber Freund.

Rob. Der Himmel segne Deine und Luciens Tugend, und lasse Deinen Argwohn vergeblich seyn!

(geht ab.)

Zweyter Auftritt.

Wilhelm Southwell. Lucie Woodvil.

Wilh. War es nicht eine Thräne, meine Lucie, die ich Sie diesen Augenblick von Ihren Wangen abtrocknen sah? Verbergen Sie das Geheimniß dieser Thräne vor Ihrem Southwell nicht.

Lucie. Sie irren sich, Sir Wilhelm; und war es ja eine, so war es eine Thräne der Freude, die mich Ihre Sorgfalt und Ihre Zärtlichkeit, womit Sie Ihre arme verlassene Lucie überhäufen, zu vergießen nöthigte.

Wilh. Täuschen Sie mein Herz nicht. Es weiß die Thränen der Freude und des Grams von einander zu unterscheiden. Wie viel Quaal hat mich nicht schon dieser Gram, den ich seit einiger Zeit in Ihrem Gesichte lese, gekostet! Können Sie empfinden, was das Herz Ihres Southwells, der Sie noch mehr als ein Vater seine Tochter lieben würde, wenn es möglich wäre, bey Ihren Leiden fühlen muß? Können Sie es empfinden, Lucie? Unmöglich können Sie es. Sie würden sonst Ihren Schmerz in seinen freundschaftlichen Busen ausschütten. Sie würden ihn

ihn in Ihre ganze Seele hineinschauen laffen. Er würde Sie sodann tröften, und vielleicht die Freude genießen, Sie durch die Hülfe Ihrer Tugend und seines Troftes weniger traurig zu fehen. Warum rauben Sie doch Ihrem beften Freunde das elende Vergnügen, mit Ihnen wenigftens klagen zu dürfen!

Lucie. Sie tödten mein Herz durch Ihre Gütigkeit. Verschwenden Sie solche nicht länger. Sie verschwenden Sie an eine Unwürdige.

Wilh. An eine Unwürdige, da meine Lucie tugendhaft ift?

Lucie. (bey Seite.) Elende Tugend! (zu Southwell.) Ihre Zärtlichkeit für mich läßt Ihnen vielleicht meinen Gram heftiger muthmaßen, als er wirklich ift. Ich verberge mein Herz nicht länger vor Ihnen, da Sie es befehlen, und da ich es nur ohne dies, sich zu verbergen, gezwungen habe, damit ich Sie nicht beleidigen möchte. Vergeben Sie also meiner Schwachheit, wenn Sie aus meinem Geftändniffe lernen, daß ich die wenigften Proben Ihrer Liebe verdiene. Sie haben mit mir, die ich von meinen Aeltern verlaffen, dem Elende und der Dürftigkeit ohne Sie zum Opfer geworden seyn würde, Mitleiden gehabt. Sie haben mir Gütigkeiten erwiesen, ehe noch meine Lippen fähig gewesen, Ihnen dafür zu danken. Sie haben mich bey der Frau Norris in allem demjenigen, was das Leben eines Frauenzimmers nützlich und angenehm machen kann, erziehen laffen.

Ich empfinde, seitdem ich in Ihrem Hause bin, jeden Augenblick einen neuen Beweis Ihrer Zärtlichkeit, und dem ungeachtet bin ich eine Undankbare gegen Sie. Eine Undankbare, die, da sie jede Minute ihres Lebens der Freude und dem Danke für Sie aufopfern sollte, sie sehr oft dem Grame und der Traurigkeit widmet. Aber ich weiß, Ihr gütiges Herz verzeihet mir, wenn es den Quell dieser Traurigkeit wissen wird. Was kann er anders seyn, wenn Sie mir verzeihen sollen, als das Verlangen, meine Aeltern zu kennen. Sie haben mir zwar oft gesagt, daß Sie dieselben nicht wissen; haben Sie wenigstens nicht einige Muthmaßungen, wer sie waren? So grausam sie auch mit mir umgegangen sind, so bin ich doch ihr Kind, und bin ihnen meine Liebe schuldig. Ach, vielleicht zwang sie die Noth, grausam gegen mich zu seyn! Vielleicht zerfloß ihr blutendes Herz; in dem Gefühle ihrer Schmerzen, da sie mich dem Elende und dem Mangel überlassen mußten. Urtheilen Sie, was ich entbehre, da ich mich nicht zu ihren Füßen werfen, und um ihren Segen bitten kann; da ich nicht diesen vielleicht allzu harten Vater durch meine Thränen erweichen kann, einen Blick voll Vaterliebe und Erbarmung auf mich zu werfen; da ich nicht diese zärtliche Mutter, die vielleicht eben so sehr nach mir seufzet, als ich nach ihr, an meine Brust drücken, und an die ihrige voll kindlicher Entzückung hinsinken kann. Doch

Doch vielleicht seufze ich nach ihnen, da sie nicht mehr sind, und ich ihr Angesicht nie sehen werde. — Sie weinen, menschenfreundlicher Sir Wilhelm. Sie kennen die Natur. Sie sind selbst Sohn gewesen, der aber die Freude hatte, seine Aeltern umarmen zu können. Sie sind Vater, und Sie wissen also, was Ihr Sohn empfinden muß, wenn Sie ihn an Ihr väterliches Herz drücken. Was kann ich Unglückliche wohl fühlen, wenn ich seine Liebkosungen sehe, ohne eben diese Liebkosungen meinem Vater erweisen zu dürfen? Ich weiß, Sie sind mein andrer Vater. Aber vergeben Sie, die Natur hat auch ihre Rechte. Nennen Sie mir meine Aeltern, gütiger Southwell; dies ist das einzige Mittel, meinen Gram zu befriedigen. Sie schweigen, und vergießen Thränen? Können Sie mir diese einzige Bitte abschlagen? Verdiene ich vielleicht nicht, diese Aeltern zu wissen? oder waren ihre Laster die Ursache, aus der Sie mir den Schmerz ersparen wollen, mich Ihre Tochter zu nennen?

Wilh. Lucie, Lucie, was für einen Sturm haben Sie auf meine Seele gethan! Mein Herz hat bey jedem Ihrer Worte blutige Thränen geweinet. Warum quälen Sie mich, Ihnen eine Sache zu entdecken, die ich Ihnen nicht entdecken kann? Ich habe Ihnen oft gesagt, daß Sie mir selbst fremd sind, daß ich Sie weggesetzt auf einem meiner Güter gefunden habe; aber daß ich vermuthe, daß

Sie

Sie von gutem Stande sind. Umarmen Sie mich, meine Lucie; sehen Sie mich unterdessen als Ihren Vater an. Wollen Sie nicht meine Tochter seyn? Sagen Sie mir, wie ich noch zärtlicher gegen Sie seyn kann, als ich schon bin, und selbst mein Leben soll Ihre Wünsche befriedigen.

Lucie. Zu viel, zu viel Gütigkeit! hätten diese unbarmherzigen Aeltern doch nur den geringsten Theil derselben empfunden. Sie waren nothwendig aus einem schlechten niedrigen Stande, den der Mangel einer edeln Seele und das Laster fähig gemacht haben, so grausam gegen mich zu seyn. Doch vergeben Sie mir, ich erröthe über diesen Gedanken, er war unedel.

Wilh. Ich lobe Ihre Tugend, mit der Sie Ihre eignen Schwachheiten verdammen. War dieser Gedanke nicht das Werk eines kleinen Stolzes? Lassen Sie mich, so wie in der Zärtlichkeit für Sie, also auch in der Wachsamkeit für Ihre Tugend Vater seyn. Erlauben Sie dieser Wachsamkeit eine Vermahnung. Stolz und Liebe, die zween gefährlichsten Feinde Ihres Geschlechts, erfordern ein beständig wachsames Herz von Ihnen. Auch dann oft, wenn sich die strengste weibliche Tugend schmeichelt, sie besiegt zu haben, herrschen sie schon über dieselbe. Der Stand Ihrer Aeltern sey wer er sey: Ihr Herz allein kann Sie entweder über diesen Stand empor heben, oder unter denselben erniedrigen.

Lucie.

Lucie. Meine Verwegenheit hat Sie beleidigt!

Wilh. Sie können mich nie beleidigen, wenn Sie sich auf eine so edle Art selbst tadeln. Aber war dies Ihr ganzer Gram, den Sie mir zu entdecken hatten?

Lucie. Er war es. (Sie seufzet.)

Wilh. Sie seufzen, Lucie?

Lucie. Verzeihen Sie diesen Seufzer der Natur, die ihn nicht unterdrücken kann.

Wilh. Es schmerzt mich, daß ich Sie traurig sehe. Ich, der ich so gern die halbe Last Ihrer Schmerzen auf mich nehme, würde Ihnen eben so gern die Hälfte meiner Freuden mittheilen. Aber ich würde Sie beleidigen, wenn ich in der Gegenwart einer Traurigen fröhlich seyn könnte.

Lucie. Wie? könnte Lucie fähig seyn, bey allem ihren Grame ein Glück nicht zu empfinden, das ihren gütigen Southwell fröhlich machen kann?

Wilh. So hören Sie denn die größte Freude, die ein Vater zu empfinden fähig ist. Ich hoffe, meinen Sohn bald durch eine tugendhafte Gemahlinn glücklich zu sehen. — Was fehlt Ihnen? Sie werden blaß. Gott! wie erschrecken Sie mich.

Lucie. Fürchten Sie nichts. Es ist eine von den kleinen Folgen meines vielleicht unnöthigen Grams — Nun ist sie vorbey — Ihren Sohn glücklich zu sehen, sagten Sie? welche Freude für Sie! welche Freude muß es nicht also auch für mich seyn! Ja, wie glücklich

glücklich wird er seyn, wenn er in den Armen seiner Gemahlinn ihr sagen wird, daß er sie liebet, und wenn er höret, daß er geliebt wird. — Aber nur Ihre elende Lucie wird immerfort unglücklich seyn, wird jederzeit unter der Last ihrer Schmerzen den Verlust — ihrer Aeltern beseufzen müssen. Aber weiß es Ihr Sohn schon, daß er glücklich seyn soll? Nennen Sie mir doch —

Dritter Auftritt.
Die Vorigen. Betty.

Betty. (zu Sir Wilhelm.) Ihr Freund, Herr Betterton, hat vor einer Stunde das Unglück gehabt, einen gefährlichen Fall mit dem Pferde zu thun Er verlangt, Sie noch diesen Augenblick vor seinem Ende zu sprechen.

Wilh. Der unglückliche Freund! Schenken Sie ihm eine Zähre, Lucie! Er liebte Sie ehemals, ob er gleich das Unglück hatte, nicht wieder geliebt zu werden. Sie vergießen sie wirklich? Wie rühmlich ist sie Ihnen! Ich will hin zu meinem armen Freunde gehen; heitern Sie unterdessen Ihr Gesicht auf, aus welchem mich noch immer dieser quälende Gram schreckt. Werde ich Sie ruhiger bey meiner Zurückkunft umfangen können?

Lucie. Ich hoffe es.

Wilh.

Wilh. (bey Seite, indem er weggeht.) Unsäliger Southwell, dein Unglück ist in seinem ganzen Umfange gewiß.

Vierter Auftritt.
Lucie. Betty.

Lucie. Unterstütze mich, Betty. Alle meine Kräfte sind erschöpft. — O Tugend! Tugend! wie schrecklich rächst du dich an mir, die ich dich beleidigt habe!

Betty. Wenn werden Sie doch, mitten in diesen glücklichen Zeiten der Liebe und des Vergnügens, die unnöthigen Seufzer vergessen, die ich so oft von Ihnen höre.

Lucie. Elende Betty! Dein Anblick allein ist mir schon Abscheu genug. Vermehre ihn nicht noch durch deine Reden. Bist du es nicht, die ich noch eher verfluchen muß, als ich mich selbst verfluche; ich, die ich sonst alle Menschen glücklich zu sehen wünschte? Haben nicht deine Verführungen die verdammten Schmeicheleyen des Bösewichts, (welcher Name für den, den ich liebe!) haben sie nicht Karl Southwelln unterstützt, daß ich ihm meine Ehre, das einzige, was mein war, aufgeopfert habe? doch nein, Betty, nicht du, nicht Southwell, mein eignes unseliges Herz ist es, das mich unglücklich gemacht hat.

Betty.

Betry. Sie dauern mich, Fräulein. Wie glücklich würden Sie seyn, wenn Sie einige elende Grundsätze, die Ihnen eine abgeschmackte Auferziehung eingeprägt hat, ausrotten könnten! Was für lächerliche Begriffe verstehen Sie unter der Aufopferung Ihrer Ehre! Leute von Stande würden über Ihre Klagen lachen. Sie lieben Karln mit eben der Zärtlichkeit, mit der er Sie wieder liebt. Er will dasjenige, was Sie Ihre Schande nennen, und was ich, wenn ich Lucie wäre, meine Glückseligkeit nennen würde, in kurzer Zeit durch eine Vermählung mit Ihnen in den Augen des Pöbels ehrwürdig machen. Können Sie mehr fordern?

Lucie. Du weißt mein Unglück nur halb. Karl Southwell ist mir geraubt, auf ewig geraubt, mir, die ich bereits von ihm schwanger bin. Ich habe diese schreckliche Zeitung diesen Augenblick aus dem Munde seines Vaters. Er hat eine Gemahlinn für ihn bestimmt. Gott! was wird Lucie werden! die Welt wird meine Schande erfahren. Sie wird mich verachten, nicht weil ich lasterhaft bin, sondern weil ich mein Laster habe bekannt werden lassen. Karl wird vielleicht in den Armen seiner neuen Gemahlinn über mich spotten. Werde ich mein Gesicht gegen seinen Vater aufheben können? Ich werde zwar Mitleiden in seinem Auge lesen, aber ein verächtliches Mitleiden. Er wird mich verlassen. Kann ich es ausstehen? Mich verachtet, mich verspottet und von Vater und Sohn nicht länger geliebt zu sehen? Betry.

Betty. Mit was für fürchterlichen Geschöpfen der Einbildung kämpfen Sie! Gesetzt, der alte Southwell will seinem Sohne eine Gemahlinn geben, wird dieser eine andere, als Sie, annehmen? Kann der Vater diesem Sohne etwas abschlagen? Sie wissen, wie zärtlich Karl Sie liebet.

Lucie Ich fürchte, Karls Zärtlichkeit nimmt bereits nach demjenigen Grade ab, nach welchem die meinige zunimmt. Wie schwach ist eine Liebe, welche nicht von der Hochachtung unterstützt wird! Und welche Liebe kann von der Hochachtung unterstützt werden, welche nicht auf die Tugend gegründet ist?

Betty. Mit Ihrer ewigen Tugend! werden Sie denn nie Ihre Sittensprüche vergessen?

Lucie. Ach, Betty! daß doch meine Seele so lasterhaft wäre als die deinige! Schrecklicher Wunsch! Aber meine Ruhe erzwingt ihn. Ich will, ich muß es seyn, eben so lasterhaft als du, und noch lasterhafter, wenn es möglich ist. Frisch, Lucie! schreite kühn von einem Laster zum andern fort. Dämpfe die Martern des geringern Lasters in der Ausübung des größern. Dies ist der einzige Weg, dich zu beruhigen. Es wird dir gelingen, immer lasterhafter zu werden. Bin ich nicht schon aus einer Sklavinn meiner Leidenschaften eine Heuchlerinn geworden? War ich es nicht erst nur vor wenigen Augenblicken gegen den alten Southwell selbst, da ich die Schmach und den Stolz, die mich quälen, unter der heiligsten Pflicht der Natur versteckte? Sah er nicht meine Thräne der Verzweiflung für eine Thräne der Menschenliebe an? Verberge ich nicht noch geschickt genug meine eigne Häßlichkeit vor den Augen meiner bessern Freunde, als ich, unter der Larve einer verstellten Tugend, die nicht mehr mein ist; einer Tugend, die ehedessen meine Tage heiter, wie die Tage des Frühlings, machte, und die jetzt für mich Nacht, Schrecken und Abscheu ist? Glückliche Zeiten! da Tugend und Unschuld meine Gespielinnen waren, da ich noch auf mein Herz stolz seyn konnte, in welche schreckliche Finsterniß seyd ihr dahin geflohen! — Nichts mehr, thörichtes Herz! Kein Klagen! Lucie kann sich von keiner Seele verachtet sehen, auch von sich selbst nicht! Stirb Reue! Ich vergesse, daß ich glücklich, daß ich tugendhaft gewesen bin. — Betty! da kömmt der Mörder meiner Glückseligkeit, den ich doch für alle seine Grausamkeiten noch lieben muß. Wird er auch so zärtlich gegen mich seyn, als mein Unglück verdient?

Betty. Verbergen Sie diese Miene voll Verzweiflung, wenn Sie keinen Dolch in das Herz eines zärtlichen Geliebten stoßen wollen.

Fünfter Auftritt.

Die vorigen. Karl Southwell.

Karl (bey Seite, indem er eine Bewegung macht, als ob er zurückgehen wollte.) Welch feindseliges Schicksal läßt mich Lucien finden! Lucie.

Lucie. Wie? Karl, sehen Sie Ihre Lucie nicht?

Karl. Ich befürchtete, Lucien in der feyerlichen Ernsthaftigkeit, in der ich sie erblickte, zu stöhren.

Lucie. Sie könnten mich stöhren? Welche Antwort für einen zärtlichen Liebhaber! Verdient sie diejenige, die Sie mehr als ihre eigne Seele, ja wahrhaftig mehr als ihre eigene Seele liebt?

Karl. Diese unzeitigen Klagen, die ich seit einiger Zeit höre, wie sehr haben sie nicht schon mein Herz gekränkt!

Lucie. Wohl nicht so sehr, als Ihr Kaltsinn das meinige.

Karl. Kaltsinn! Lucie —

Lucie. Ich beschwöre Sie um unsrer Liebe — oder wenn ich so muß, um Ihres und meines Stolzes willen, machen Sie meine Ahndungen eitel. Beschleunigen Sie den Tag, der Ihnen vor der Welt das Recht giebt, mich die Ihrige zu nennen: ein Recht, welches Ihnen leider! mein allzuleichtgläubiges Herz bereits ertheilt hat. Der Sturm, der sich über mein Haupt aufzieht, muß Ihnen bekannt seyn. Der Mund Ihres Vaters hat Ihnen das Aeußerste, das ich fürchten kann, unfehlbar noch eher als mir selbst entdeckt.

Karl. Was will meine Lucie? Kann sie noch stärkere Proben von meiner Zärtlichkeit verlangen? Empfieng ich sie nicht eben so überzeugend von der ihrigen? Kann Lucie heftiger als ich nach dem Tage

Tage seufzen, der mein Herz von dem Zwange entfesseln wird, meine Liebe gegen sie vor den Augen der tadelsüchtigen Welt zu unterdrücken? Wie oft verfluche ich die Hindernisse, die sich meinen Wünschen widersetzen! Ich sehe, Sie wissen den unglücklichen Vorschlag, den mir mein Vater von einer Verbindung gethan hat. Lesen Sie die Quaal, die ich dabey empfinde, aus meinem Gesichte, mein Herz kann sie nicht ausdrücken. Gönnen Sie mir Zeit, diesen Sturm austoben zu lassen. Meine Bitten werden das Herz des gütigsten Vaters rühren. Er wird erlauben, daß ich mein Herz seiner und meiner Lucie schenken darf. Wie glücklich werden wir dann seyn, wenn es möglich ist, daß wir noch glücklicher werden können! Aber Sie wissen, einige wenige Tage sind nicht zureichend, dieses auszuführen.

Lucie. Jeder Verzug eines Tages ist eine Vergrößerung meiner Gefahr. Sie wissen — zwingen Sie mich nicht, zu erröthen. Ich verabscheue mich, so oft ich daran gedenke. Und wie? wenn Ihr Vater nicht in unsre Verbindung willigen sollte? Ein Mädchen von einer unbekannten Geburt, alles desjenigen beraubt, was in den Augen der Welt Hochachtung verdient; und darf, und kann ich es sagen? nur eben dessen durch einen geringen Antheil der Tugend vielleicht nicht ganz eine verächtliche Creatur. Welche fürchterliche Umstände für mich! Was würden Sie thun, wenn nichts Ihren Vater von der mich bedrohenden Verbindung abziehen kann? Karl.

Karl. Es wird Etwas seyn, das ihn abziehen kann.

Lucie. Antworten Sie mir auf das, was ich frage.

Karl. Sie fragen wegen einer Sache, die nicht geschehen wird.

Lucie. Keine Ausflüchte! Antworten Sie mir.

Karl. Ach! Lucie.

Lucie. Reden Sie, was würden Sie thun?

Karl. Elend seyn, wenn Sie allein mich nicht glücklich machen wollten.

Lucie. Ich verstehe Sie nicht. Würde ich Sie sodann glücklich machen können?

Karl. Sie würden es können. Setzen Sie das grausamste, das mir begegnen könnte. Setzen Sie, daß ich unter der Tyranney eines Vaters unterliegen, daß ich die Liebkosungen einer andern Gemahlinn erdulden und verfluchen müßte, wollten Sie wohl Ihren Southwell, der zugleich Ihrentwegen leiden würde, ungetröstet seufzen lassen? Wollten Sie ihm nicht erlauben, daß er bisweilen aus seinen täglichen Qualen in Ihre beglückenden Arme eilen dürfte? Eine vertrauliche Einsamkeit würde uns vor dem scharfsichtigsten Auge der Welt verbergen. Hier würden wir einander mehr als eine ganze Welt selbst seyn, und Karl Southwell würde sich nur in den einzigen wenigen Minuten glücklich sehen, wenn seine Lucie einen ganzen Strom von Freuden über seine Seele ausgießen würde.

Lucie.

Lucie. Ich verstehe Sie, Karl. Warum reden Sie dunkel? Sie verlangen, ich soll die Rechte Ihrer Gemahlinn gegen die Ehre, Ihre Maitresse zu seyn, vertauschen. (zu Betty.) Betty, ich bin verlohren! (zu Southwell.) Verlassen Sie mich, Barbar! Ich verabscheue Sie.

Betty. (heimlich zu Southwell.) Ihr Vertrauen zu Luciens Zärtlichkeit hat Sie zu einem Fehler verleitet, den Sie so leicht nicht werden verbessern können. (laut.) Schämen Sie sich, Sir Karl; konnten Sie, ohne zu erröthen, Lucien einen dergleichen Antrag thun?

Karl. Ich bekenne meine Verbrechen, Lucie. Aber warum zwangen Sie mich, von einer Sache zu reden, die niemals geschehen wird?

Lucie. Keine Entschuldigung! Ich lasse Ihnen Gerechtigkeit wiederfahren. Meine niederträchtige Wegwerfung für Sie giebt Ihnen das Recht, mich zu verachten. Aber Lucie ist stolz, so wenig sie es zu seyn Ursache hat. Soll sie sich in ihrer Gegenwart selbst verachtet sehen? Und von wem? Von dem, der das unselige Werkzeug war, welches allein Lucien dieser Verachtung schuldig machen konnte. Elender! quälen Sie mich nicht länger durch Ihren Anblick. Wollen Sie mir diese einzige, diese letzte Bitte noch abschlagen?

Karl. Ich kann nicht —

Lucie.

Lucie. So bleiben Sie denn hier, bleiben Sie hier. Strafen Sie mich durch diese Blicke voll Verachtung und Hohn, für die Zärtlichkeiten, die ich an einen Unwürdigen verschwendete, für die Leichtgläubigkeit, mit der ich die Ihrigen empfing. Strafen Sie mich für das schrecklichste Verbrechen; strafen Sie mich für die Tugend, die ich Ihnen aufopferte. Grausamer Southwell! warum erblickte ich doch nicht Deine schwarze Seele einige Monate eher in aller ihrer Abscheulichkeit? Lucie würde sodann noch von der äußersten Höhe ihres Stolzes mit ihrer ehemaligen Größe auf eine so verächtliche Creatur herabsehen können.

Karl. Beleidigungen sind nicht —

Lucie. Höre noch meine Verwünschungen, ehe Du mich unterbrichst. Spotte in den Armen Deiner neuen Gemahlinn über die elende Lucie. Sie erlaubt Dirs, denn sie verdient es. Ich wünsche sogar, liebe diese Gemahlinn, liebe sie mit eben der zärtlichen Heftigkeit, mit der Dich ehemals eine Unglückliche (Du kennst sie, Barbar) lieben konnte. Sieh sodann, mich zu rächen, mich auf das schrecklichste zu rächen, eben diese Gemahlinn, für welche Deine ganze Seele Zärtlichkeit sey, untreu. Lies in ihren Augen eben den Kaltsinn, eben die Verachtung, die ich in den Deinigen lese. Sieh dieselbe sich in die Arme Deines besten Freundes werfen, und mit ihm höre sie sodann über Deine Liebe spotten, und über Deine

Verzweiflung selbst frohlocken. Verzweifle unter den Martern einer unvergoltnen und verachteten Liebe, und Lucie wird sich sodann über Dich freuen.

Karl. Erinnern Sie sich Lucie, eine erzürnte Liebe gebiert leicht Haß, und Ihre Schmähungen werden mich gegen den Willen meines Vaters Gehorsam lehren.

Lucie. Dürfen sie Dir diesen Gehorsam erst lehren, Undankbarer? Sind nicht —

Karl. Bemühen Sie sich nicht, auf neue Beschimpfungen zu denken. Ich habe nicht Zeit, sie anzuhören. Ich muß zu meinem Vater gehen, der schon lange meine Einwilligung zu seinem Vorschlage erwartet. Rechnen Sie die Gleichgültigkeit, mit der ich Sie Ihrem Schicksale überlasse, Ihrer eigenen Heftigkeit zu. (geht ab.)

Lucie. Geh, Bösewicht! und die Rache des Himmels und meine Flüche werden Dich auf jedem Deiner Wege zu begleiten wissen!

Betty. Wahrhaftig, Fräulein, Sie sind zu heftig. Erwägen Sie Ihren Zustand! Erwägen Sie, was Sie sind, wenn Sie Sir Karl verläßt.

Lucie. Erinnere mich nicht an das, was ich bin. Soll ich mich vor demjenigen bücken, um seine Gnade flehen, der mich verachtet und doch am wenigsten Recht dazu hat? Und doch kan ich mich fragen, ob ich es thun soll, ich, die ich nichts weiter, als

die-

dieses, zu thun übrig habe? Betty! mein Stolz, meine Tugend, meine Vernunft selbst, alles ist dahin.

Sechster Auftritt.
Die Vorigen. Amalie.

Amalie. Was für Unruhe haben Sie mir gemacht, meine liebe Lucie! Mit wie viel Angst habe ich Sie seit der Zeit gesucht, da Sie sich so voll Schmerz aus meinen Armen losrissen. Aber mit was für vermehrter Qual in Ihrem Gesichte finde ich Sie wieder! Wie lange, meine theure Freundinn, soll doch mein Herz noch über Ihre Betrübniß seufzen müssen!

Lucie. Warum lieben Sie mich doch, Amalie? Ihre Liebe vermehrt meine Martern. Verachten, hassen Sie mich; diejenige, die sonst ohne Ihre Freundschaft, ohne Ihre Liebe nicht zu leben wünschte, bittet Sie darum. Sie haben die Schwäche meines Herzens entdeckt. Kann ich aus der Tiefe, worein ich gesunken bin, zu der Höhe hinauf sehen, auf der ich Sie erblicke? Mein Stolz durfte es sonst wagen, sich mit Ihnen zu vergleichen. Kann er ohne Qual empfinden, daß Sie nunmehr über diese Vergleichung erhaben sind? Daß diese Liebe vielleicht nicht mehr Freundschaft, sondern Mitleiden, ein erniedrigendes Mitleiden ist? Wie will meine Seele diesen Gedanken ausstehen! Treten Sie zu meinen Feinden.

Verachten Sie mich mit ihnen. Meine Seele wird eine Art von Erleichterung fühlen, wenn sie von niemand mehr geliebt wird, der besser, als sie ist.

Amalie. Lucie, Ihre plötzliche, Ihre ausschweifende Hitze! O daß Sie diese bändigen könnten! Was für eine liebenswürdige Freundinn würden Sie für Ihre Amalie, was für eine zärtliche Gemahlinn für Ihren Karl —

Lucie. Nichts von Karln! Er ist ein Betrüger, ein Bösewicht! Ich hasse ihn, ich hasse mich selbst! Meine Kräfte reichen nicht zu, Ihnen mein Unglück zu erzählen. Karl ist undankbar. Er verläßt mich, und ist bereit, eine neue Gemahlinn von der Hand seines Vaters anzunehmen.

Amalie. Vielleicht hat Ihre Zärtlichkeit Ihnen mehr Gegenstände zur Verzweiflung vorgestellt, als Sie wirklich gesehen haben?

Lucie. Ihre Vielleicht sind vergeblich. Der Bösewicht, und der Mund seines Vaters, beyde haben mir mein Unglück bekräftigt. Den neuen Gegenstand seiner Liebe allein weiß ich nicht. Nennen Sie mir ihn, wenn Sie ihn wissen. Diese letzte Gewogenheit bitte ich von Ihnen. Ich will mich zu den Füßen seiner neuen Geliebten werfen. (Lucie zu den Füßen ihrer Nebenbuhlerinn.) Ich will sie um Rache wider den Bösewicht anflehen. Wenn sie gerecht ist, wird sie mir dieselbe versagen können?

Amalie.

Amalie (bey Seite.) Unglückliche Freundinn, du siehst sie hier vor dir. (zu Lucien.) Vergessen Sie alle Rache wider Karln —

Lucie. Ich verstehe Sie. Ihre Erinnerung ist gerecht. Ich vergesse meine Rache wider ihn. An mir, an diesem eignen Herzen muß ich mich rächen. Habe ich mich nicht selbst allen diesen falschen Blicken der Zärtlichkeit, diesen beträglichen Thränen, diesen von meiner redlichen Liebe erborgten Klagen, selbst diesen tückischen Eidschwüren eines Verführers aufgeopfert? Kannte ich sein Geschlecht nicht, dies Geschlecht, das nur uns unglücklich zu machen geschaffen zu seyn scheint? Wußte ich nicht, daß es alle seine Reizungen nur alsdann glänzen läßt, wenn es das unsrige zu betrügen sucht? Mußte ich Thörinn seine Triumphe über unsre Thränen vermehren helfen? Wäre Karl der beste unter dem männlichen Geschlechte, was konnte er weniger seyn als ein Betrüger?

Amalie. Ihre Hitze verführt Sie, meine Freundinn; Sie beleidigen sowohl das männliche Geschlecht überhaupt, als Ihren Liebhaber insonderheit. Ich hoffe noch immer, sein Herz zärtlich zu sehen, eben so zärtlich, als ich das Ihrige mitten unter den Vorwürfen, womit Sie ihn belegen, erblicke.

Lucie. Kränken Sie mich nicht durch Ihre Entdeckung; es ist genug, daß ich die Gewißheit derselben empfinde. Weibliches Herz! warum kann ich doch deine Schwachheiten nicht verbergen! Sie haben

in

n sein Innerstes hineingeschaut. Sie erblicken nur allzugewiß in demselben das Bild — wessen? meines ärgsten Feindes — von mir geliebt. Elende Schwachheit! warum erlaubst du mir nicht, ihn auszurotten? Warum zwingst du mich, u wu̎rschen, hn zärtlich zu sehen? Warum nenn st du meine gerechten Vorwürfe Beleidigungen? Doch ich habe ihn verlohren. Meine Schmähungen haben den noch übrigen Funken seiner Liebe völlig erstickt. Er verachtet mich! Ich liebe ihn! und von seiner Verachtung und Liebe gequält, muß ich verzweifeln!

Amalie. Sie erfüllen meine Seele mit Schauer und Schrecken. Lernen Sie doch dies allzuhitzige Herz bändigen. Sie sollen Karln eben so zärtlich, als sonst, wieder umarmen. Ich verspreche es Ihnen. Sein Vater wird seine Einwilligung in Ihre Verbindung geben, und Ihre Amalie wird die Freude haben, ihn wieder in Ihre Arme zu führen.

Lucie. Ja, führen Sie ihn her. Die von allen verlassene Lucie mag vor ihm niederknien. Was ist ihr Stolz? darf sie noch welchen haben? Sie mag ihn mit ihren Thränen, mit ihrer Demüthigung, mit ihrer Verzweiflung selbst bestürmen. Sie mag ihn an alle die zärtlichen, aber auch, ach! auch allzu theuer erkauften Minuten erinnern, de ihr sonst an seiner Brust zu verschwinden pflegten. Wird er ein Barbar seyn, und sich verhärten können? „Karl," will ich gegen ihn seufzen, „erbarmen Sie sich über
„Ihre

„Ihre verstoßne, über Ihre unwürdige Lucie. Erbarmen
„Sie sich, nicht aus Liebe, wenn Sie nicht können,
„nein, nur aus Mitleiden, selbst aus Stolz, daß
„Sie mich gedemüthigt haben. Verachten Sie mich
„in Ihrem Herzen, und nicht äußerlich. Nur einen
„verstellten Blick voll Zärtlichkeit! und er wird mehr
„seyn, als ich verdiene." Ach Amalie, welche
schreckliche Minute der Erniedrigung wird dieses für
mich seyn!

Amalie. Verschonen Sie doch Ihre Einbildung
mit allen den fürchterlichen Einfällen. Die weibliche
Zärtlichkeit für die Ehre muß niemals, auch selbst bey
unsern Fehlern, dem männlichen Geschlechte preisgegeben werden. Karl soll Sie auf das demüthigste
und zärtlichste um Verzeihung bitten. Trauen Sie
meinen Versprechungen. Sie werden ihm dann erlauben, daß er eben der glückliche und bald vollkommen mit Ihnen zu vereinigende Liebhaber seyn darf,
der er zuvor war. Suchen Sie sich indessen in Ihrem
Kabinette wieder zu beruhigen. Ich befürchte, es
möchte Sie jemand hier in dieser Zerstreuung überfallen.

Lucie. Schmeicheln Sie mir nicht mit zu viel
Hoffnung. Sollte es möglich seyn, daß ich noch
glücklich werden könnte? Und Ihnen würde ich sodann diese Glückseligkeit zu danken haben? warum
kann ich dochcht eben so hochachtungswürdig, als
Sie seyn? Komm, Betty, laß uns versuchen, ob
ich

ich meine Schmerzen in der schmeichelhaften Vorstellung der Hoffnung auf einen Augenblick vergessen kann. Was für ein elendes Geschöpf bin ich!

Betty. Betty würde sie längst vergessen haben, wenn sie Lucie wäre.

Siebenter Auftritt.
Amalie. (allein.)

Kannst du endlich einmal deine Thränen unbemerkt fließen lassen, o Herz? Die unglückliche Lucie! Meine ganze Seele zerfließt in Mitleiden gegen sie! Ihr Herz war edel. Stolz, Hitze der Leidenschaften, Nachsicht gegen diese Hitze beförderten ihren Fall — Tadelsüchtiges Herz! würdest du nicht gefallen seyn, wenn du Lucie gewesen wärest? Karl ist wirklich undankbar gegen sie. Aber wer hat ihn undankbar gemacht? Warst du es nicht, obgleich wider deinen Willen, Amalie? Er liebt mich. Seine Seufzer, sein und mein Vater bitten, und darf ich es sagen? mein eigen Herz dringt mich, ihn wieder zu lieben. Boshaftes Herz! welcher niedrige Gedanke für dich! Sieh auf die Thränen der armen Lucie, und lerne deine Pflicht, lerne Karln vergessen. Gedenke, wie kostbar sie ihn sich erkauft hat, würdest du ihr ihn rauben können? Nein! wahrhaftig, er selbst ist deiner unwürdig. Verzeihe mir diesen Stolz, meine Freun=

Freundinn. Weiß mein und Karls Vater, wie hoch er der armen Lucie zu stehen kömmt? Wäre es möglich, daß sie es wissen dürften, sie würden mich nicht länger nöthigen, Karls Hand anzunehmen. Doch dies Geheimniß muß vor ihnen, so lange es seyn kann, verborgen bleiben. Ich glaube, daß ich Gewalt über Karls Herz habe. Ich will sie nutzen, ihn zu Lucien zurückzuführen. Die unglückselige Seele! bat sie nicht selbst ihre Nebenbuhlerinn darum? Ich weiß, Karl liebt sie; nur die Hoffnung zu mir macht ihn wankend. Ich muß sie gänzlich aus seinem Herzen ausrotten. Der elende Mensch! was für eine Genugthuung ist alle seine Zärtlichkeit gegen die Schande, welche er Lucien aufgelegt hat? Gott! schütze die Tugend deiner Amalie, (deiner, kann ich vielleicht noch sagen,) daß sie niemals nach einer so elenden Genugthuung seufzen darf!

Ende des ersten Akts.

Zweyter Akt.

Erster Auftritt.

Karl Southwell. Jakob.

Karl. Was sagst du Jakob? daß ich Lucien verlieren würde?

Jak. Daß Sie solche vielleicht bereits verlohren haben; daß Herr Betterton sich erbietet, ihr sein ganzes wichtiges Vermögen zu hinterlassen, wofern sie ihm nur noch vor seinem Ende die Freude schenken will, sie seine Gemahlinn zu nennen, und niemals wieder eine andere Vermählung einzugehen. Daß Ihr Herr Vater seine äußerste Mühe anwendet, sie zu bewegen —

Karl. Und daß Lucie? —

Jakob. Als ein Frauenzimmer alle diese überredenden Reizungen nicht überwinden wird.

Karl. Liebe! elende Liebe! mit was für grausamen Freuden quälst du deine Vasallen! Tyrann! Was hat nicht schon mein thörichtes Herz unter deinen Martern gelitten! Habe ich nicht bisweilen in einem meiner vernünftigen Augenblicke deine Fesseln verflucht, in welchen ich so viel meiner schönsten Tage thöricht und geduldig genug dahin eilen sehe?

Jakob. Diesen Zorn, diese Vorwürfe gegen die Liebe hätte ich nicht so leicht von Ihnen vermuthet, und

und noch weniger zu einer Zeit — Herr, verzeihen Sie einem redlichen Diener — da Sie den höchsten Grad in der Geschicklichkeit zu lieben, zugleich zärtlich zu scheinen und doch untreu zu seyn, so vollkommen erreicht haben.

Karl. Mißbrauche die Freyheit nicht, die ich dir zugestehe. Mein Herz leidet mehr bey dieser verstellten Zärtlichkeit, als du glaubst, und ich Elender liebe vielleicht Lucien noch heftiger, als ich selbst weiß. Ich, der ich vor wenigen Minuten nur Kaltsinn empfand, der ich ihr selbst mit Gleichgültigkeit begegnen konnte, empfinde mehr als nur Furcht des Stolzes, von ihr zuerst verlassen zu werden, jetzt da mir ihr Verlust wirklich nahe seyn kann. Doch weg, Zärtlichkeit! Sprichst du nicht für diese Lucie, die mich vor weniger Zeit mit Verachtung und Schmähungen überhäufte? Allein, ich Undankbarer, verdiente ich nicht diese und noch ärgre? Ach, Lucie! mein Herz kann dir unmöglich mehr als den andern Platz einräumen! Du selbst hast dir den ersten geraubt, da du mir die Hochachtung gegen dich geraubt hast. Was ist Lucie gegen Amalien? Ihre Schönheit ist vorzüglicher. Aber ihre Seele? Wird sie nicht so oft von diesem Stolze, von dieser Hitze, und von diesem Zorne, der nicht selten in Wuth ausartet, sich selbst unährlich gemacht? Und ist Amaliens ihre nicht jederzeit sich selbst gleich, jederzeit liebenswürdig? Aber welche gerechte Vorwürfe wird mir Luciens Herz machen, und wird sie

C

das

das meinige fühllos ertragen können? Sie wird verzweifeln, und mein geruhiges Auge sollte ihre Verzweifung ansehen können? Jakob, ich entdecke dir mein beunruhigtes Herz, wie es von dem Sturme einer getheilten Liebe hin und her getrieben wird. Setze dich in die Martern deines Herrn, und sage mir, was du thun würdest, wenn du Karl Southwell wärst, dich zu beruhigen.

Jakob. Ich würde einen doppelten Weg vor mir sehen. Ich würde entweder alle Empfindung der Dankbarkeit gegen eine Person, die mich liebet, aus meinem Herzen ausrotten. Ich würde Luciens gute Eigenschaften vergessen, und mir ihre bösen allein beständig vorstellen. An mir würde ich lauter Vollkommenheiten erblicken, und dann würde ich glauben, daß Lucie meiner unwürdig sey. Zu ihren Klagen würde ich sodann lachen, und über ihre Verzweifung spotten können. Oder ich würde den andern Weg wählen. Ich würde die Heftigkeit, mit der mich Lucie liebet, erblicken. Ich würde Dankbarkeit fühlen. Ich würde mich zu den Füßen des Vaters hinwerfen, der jederzeit eine Vermählung meiner eignen Wahl überlassen hat. Von ihm würde ich mir Lucien zum Geschenk ausbitten. Ich würde sodann Luciens Stolz, ihre Hitze, eben so zu verbessern suchen, wie ich meine Wankelmuth, und einige andre kleine Fehler verbessern würde. Mit Lucien würde ich sodann glücklich leben, und meinen treuen Jakob von der

Furcht

Furcht und den Sorgen befreyen, in welchen er jetzt leben muß, da sein Eifer meiner Liebe gegen Lucien so treu dienet, und hundert Gefährlichkeiten würde ausstehen müssen, wenn mein Vater seine unzeitige Dienstgeflissenheit entdecken würde.

Karl. Nichtswürdiger Bube, mit deinem Geschwätze! Soll ich zu den Füßen eines Mädchens niederfallen, welches mich mit einer Härte verworfen hat, die man der Sprödigkeit der reinsten Tugend kaum nachsehen würde?

Jakob. Warum verlangten Sie meinen Rath? Habe ich nur ein einzigesmal Ihren Beyfall damit verdienen können?

Karl. Nein, Lucie! mein männliches Herz zerbricht deine stolzen Fesseln. Wer weiß, giebt sie nicht diesen Augenblick ihre falsche Hand einem schon längst durch mich vergeblich um sie winselnden Betterton? Zu deinen Füßen, liebenswürdige Amalie, soll meine Liebe ihre Opfer niederlegen! Durch dich soll sie sich an Lucien rächen. Dein und mein Vater, und mehr als sie beyde, mein Herz wünschen diese Verbindung. Kann ich noch einen Augenblick zweifeln, zween der besten Väter und der vertrautesten Freunde glücklich zu machen?

Jakob. Ich bewundre die Größe Ihrer kindlichen Pflicht. Ich wünsche Sie Ihrentwegen Amalien in eben dem Grade. Denken Sie, wenn sie Amalien fehlen sollte! Lucien hätten Sie verlassen.

Karl.

Karl. Schweig! Bin ich nicht Karl Southwell? Ist sie nicht ein Frauenzimmer? Welches Frauenzimmer ist jemals gegen mich und ihre Neigungen unüberwindlich gewesen?

Jakob. (bey Seite.) Rühmliche Tapferkeit, der Ueberwinder der Tugend der weiblichen Welt zu seyn!

Karl. Was sagest du?

Jakob. Ich bewunderte die Größe Ihres Ruhms. Ich verglich Sie mit Alexandern. So hieß der, glaube ich, der die Ehre hatte, über eine ganze seufzende Welt zu triumphiren.

Karl. Schweig mit deinen Possen, und geh zur Betty. Suche zu erfahren, ob Lucie dem Betterton ihre Hand geben will.

Jakob. Was kann Ihrer Gleichgültigkeit gegen Lucien diese Nachricht nützen? Ein andrer als Ihr Jakob würde den Liebhaber daraus schließen.

Karl. Thor! es ist nicht Liebe, es ist Neubegierde.

Jakob. Und Ihre Neubegierde erlaubt also', daß ich Ihnen eine bejahende Antwort zurückbringen darf?

Karl. Geh und ermüde meine Geduld nicht. (Jakob geht ab.) Sey elend, Lucie! Seufze über mich, verfluche mich! Karl sieht deine Zähren, höret deine Flüche, als ein Sieger die Zähren und Flüche seines überwundenen Sklaven. Habe ich noch weiter Etwas von dir zu wünschen? (Amalie kömmt.) — Himmel! Amalie!

Zwey=

Zweyter Auftritt.
Amalie. Karl Southwell.

Amalie. Sey elend, Lucie! Seufze über mich, verfluche mich! Karl sieht deine Zähren, höret deine Flüche als ein Sieger die Zähren und Flüche seines überwundnen Sklaven. Habe ich noch weiter Etwas von dir zu wünschen? — Ich danke Ihnen für diese Reden, Karl, ob ich sie gleich Ihrentwegen verabscheuen muß. Sie ersparen mir vielleicht die Qual, Sie dereinst sagen zu hören: „Sey elend, Amalie! Seufze über mich, verfluche mich. Karl sieht deine Zähren, höret deine Flüche als ein Sieger die Zähren und Flüche seines überwundnen Sklaven. Habe ich weiter Etwas von dir zu hoffen?

Karl. Allzustrenge Amalie, verzeihen Sie diese übereilten Ausdrücke einer von Lucien beleidigten Liebe. Sie wissen es nicht, sie hat mich mit den härtesten Schmähungen verworfen. Betterton hat —

Amalie. Ja, ich weiß es: sie hat Ihnen den Schmerz gezeigt, mit welchem eine unglückliche Tugend die Verachtung des Urhebers ihres Unglücks empfinden muß. Der Herr Betterton, ein würdigerer Liebhaber als Sie, hat ihr unter gewissen Bedingungen Reichthümer angeboten, welche ihr Herz beruhigen würden, wenn Reichthümer eine beleidigte Tugend unbeleidigt machen könnten. Aber ich weiß auch, daß sie diesen würdigen Herrn Betterton mit allen seinen Reichthümern ausgeschlagen hat.

hat. Fragen Sie nicht nach der Ursache. Ich weiß, daß sie in ihrem Zimmer, von einem gerechten Hasse und einer gekränkten Liebe bestürmt, auf das Bildniß eines Barbaren Thränen fließen läßt; daß ihre Vernunft und ihr Herz durch einen Undankbaren erschüttert sind; daß sie bald um Rache wider ihn, bald um seine Zärtlichkeit seufzt; daß sie ihn bald einen Bösewicht, bald ihren lieben Karl Southwell nennt.

Karl. Quälen Sie mein Herz nicht mit diesen kläglichen Bildern. Was können sie alle von mir erzwingen, als das äußerste, Hochachtung und Mitleiden für Lucien. Klagen Sie nicht mein Herz an; klagen Sie sich selbst an. Ich liebte Lucien. Ich sah Amalien. Konnte ich die liebenswürdigste ihres Geschlechts sehen, ohne Lucien zu vergessen?

Amalie. Ihre Frechheit, und die Nachsicht, die Sie bey einigen meines Geschlechts gegen diese Frechheit gefunden haben, hat schon oft Ihre Stirn eisern genug gemacht, ohne Schamröthe mir, einer Freundinn von Lucien, die ich Ihre eignen und Luciens Verfassungen weiß, von Liebe vorzureden. Aber glauben Sie, ich habe Ihnen nur eine doppelte Wahl vorzuschlagen. Wählen Sie meinen Abscheu, wählen Sie meine Freundschaft. Sie wissen die einzige Bedingung, unter welcher ich Ihnen die letztere überlassen kann.

Karl. Wollen Sie die Freude zweener hoffenden Väter vergeblich seyn lassen? wollen Sie den zärtlichsten, aber auch den elendesten Liebhaber zu Ihren Füssen

sen verzweifeln sehen? Göttliches Geschöpf! Sie lauter Güte, lauter Sanftmuth, lauter Verlangen, alle Menschen glücklich zu machen, warum wollen Sie, daß ich allein unglücklich seyn soll? Ahmen Sie die Gottheit, deren Bild Sie in allen übrigen Stücken sind, auch gegen mich nach. Schenken Sie mir ein Herz voll Verzeihung, Gütigkeit, und lassen Sie mich noch hinzusetzen, voll Liebe. Lehren Sie mich Ihre Tugend, Ihre vollkommene Tugend nachahmen, und ich werde Sie sodann als die Schöpferinn meiner Glückseligkeit anbeten müssen.

Amalie. Niedriger Schmeichler! meine Seele ist über Ihr kriechendes Lob erhaben. Es ist Schande für mich. Was für ein Gemisch von Verstellung, Heuchelen und Unsinn waschen Sie mir da vor! Können Sie die Gottheit, diese Ihre schreckliche Feindinn, in Ihren entweiheten Mund nehmen, ohne vor ihr zu zittern?

Karl. Grausame —

Amalie. Nur ein einziges Wort noch, dann verlassen Sie mich; ich erwarte meinen Vater hier. Fahren Sie in Ihrer Untreue fort, Meyneidiger, und zittern Sie vor der Rache, die Luciens und meine eigenen Seufzer, die ersten, die ich wider die Glückseligkeit eines Menschen ausstoße, von der Gerechtigkeit des Himmels über Ihr Haupt rufen werden. Lassen Sie Lucien Gerechtigkeit widerfahren, und ich bin Ihre

Freundinn, und werde als diese den Himmel anflehen, Ihre Vergehungen zu vergessen und Sie zu segnen.

Karl. Erbarmen —

Amalie. Nichts mehr. Mein Vater kömmt. Ich verlange Gehorsam.

(Karl geht ab.)

Dritter Auftritt.

Robert. Amalie.

Amalie. (indem sie ihrem Vater entgegen geht) Segnen Sie, gütigster unter den Vätern, segnen Sie Ihre glückliche Amalie.

Robert. Gott segne dich, mein Kind, meine beste Tochter. Der Wunsch und die Sorge für deine Glückseligkeit haben mich diese Unterredung mit dir wünschen lassen. Kann nach denjenigen Pflichten, die ich meinem Schöpfer schuldig bin, ein einiger Gedanke meine Seele mehr einnehmen, als das Glück meiner Amalie?

Amalie. Wie gütig, wie liebreich sind Sie! Wodurch verdient es Ihre unwürdige Tochter, daß Sie es sind? Aber üben Sie nicht diese göttlichen Tugenden gegen alle Menschen aus? Hat nicht oft der segnende Beyfall derer, die Sie glücklich gemacht haben, die glückliche Tochter des Sir Roberts stolz gemacht? darf sie also noch fragen, wodurch sie diese väterliche Zärtlichkeit Ihres Herzens verdienet?

Robert.

Robert. Umarme mich, einzige wahre Freude meines Alters, und laß meine ganze Seele in deiner Umarmung den glücklichen Vater empfinden. Du weißt die Vorschläge, die ich dir wegen einer Verbindung mit Sir Karln, dem Sohne meines besten Freundes gethan habe. Ich habe deinem Herzen die freye Wahl gelassen. Wenn Vernunft und Tugend das Herz eines Frauenzimmers lenken, so muß seine Wahl jederzeit edel seyn. Und ich bin stolz auf meine Tochter, daß ich von ihr keine andre Wahl vermuthen kann.

Amalie. Häufen Sie nicht meine Verbindlichkeiten durch mein Lob; ihre Last ist ohnedieß schwerer, als sie mein Herz tragen kann. Was für eine elende Kreatur müßte ich seyn, wenn ich dem Beyspiele des besten Vaters nicht nachzuahmen suchen wollte! Aber ach! diese Vermählung —

Robert. Ist sie nicht dem Wunsche meiner Amalie gemäß? Ich habe nie geglaubt, daß ein Vater der Tyrann über das Herz seines Kindes seyn dürfte. Sollte ich es über das Herz einer tugendhaften Tochter seyn? Zwar läugne ich nicht, die Freude meines Freundes, die Bitten seines Sohnes und meine eigene Hoffnung deiner Glückseligkeit, würden sie mich haben wünschen lassen, wenn es dein Herz zugleich mit mir gewünscht hätte.

Amalie. Warum wollten Sie mich aus Ihrem Angesichte, aus Ihren Umarmungen verbannen? Würde ich jemals ohne diese glücklich seyn können?

Robert.

Robert. Ich hoffe, daß du es dereinst noch lange ohne sie seyn wirst. Aber warum haßt meine Amalie Karln?

Amalie. Ich hasse ihn nicht, ich kann keinen einzigen Menschen hassen. Wäre ich werth, die Tochter desjenigen Mannes zu seyn, der alle Menschen liebet, wenn ich so gottlos seyn und dieß thun könnte?

Robert. Ich höre die Sprache der Tugend, meine Tochter. Aber gleichwohl glaubte ich, zu einer andern Zeit mehr Gefälligkeit für Karln in Amaliens Blicken zu lesen, als heute.

Amalie. Ach Sir!

Robert. Ein Seufzer! Verräth er nicht ein Geheimniß? Meine Tochter pflegte sonst alle ihre Geheimnisse in meine väterliche Brust zu verschließen.

Amalie. (vor sich) Warum seufzt' ich Thörinn doch? Soll ich Luciens und Karls Schande, soll ich meine eigne Schwachheit verrathen? Soll ich gegen den gütigsten Vater das erstemal zurückhaltend seyn?

Robert. Meine Amalie erröthet. Ich freue mich, es ist eine Erröthung der Tugend. Das Laster würde das, was es sich zu sagen scheute, unter der Frechheit einer unerröthenden Stirne verstecken.

Amalie. Verzeihen Sie, gütigster Vater, daß ich nur einen Augenblick gezögert habe, offenherzig zu seyn. Lesen Sie in meiner Seele; lesen Sie meine eigene Schwachheit darin. Karl wußte die Kunst, sich seit der Zeit, da wir uns auf den Gütern seines Vaters

befin-

befinden, meinem Herzen nicht gleichgültig zu machen. Ich hörte Ihre und seines Vaters Wünsche. Diese Wünsche erregten die meinigen. Ich schäme mich nicht, sie zu bekennen; sie waren rein, und meine Tugend hat also niemals über dieselben erröthen dürfen. Aber meine Liebe fand Hindernisse, unüberwindliche Hindernisse. Es ward meine Pflicht, Karln zu vergessen. Dieß Herz, das so oft wider seine Pflichten murret, unterließ es auch hier nicht. Ich erinnerte mich, daß ich die Tochter eines Mannes war, der niemals sein Herz über seine Pflichten triumphiren ließ, und ich überwand es. Erlauben Sie mir, daß ich dieß Opfer der Menschenliebe, der Freundschaft, der Gerechtigkeit selbst bringen darf. Karls Herz kann nimmermehr mein seyn.

Robert. Was für Dunkelheit, meine Tochter! Welche Pflicht, welche Person war dieß Opfer von dir zu fodern berechtiget?

Amalie. Ich weiß, Sie können nicht Zorn, nein nur Mitleiden gegen eine unglückliche Schwachheit empfinden; Lucie, die arme Lucie —

Robert. Lucie!

Amalie. Seyn Sie gütig gegen sie. Erinnern Sie sich, daß sie ein weibliches, ein leicht zu rührendes Herz hat. Sie hat ältere Rechte auf Karln. Sie liebte ihn, eh ich ihn sah. Sie liebet ihn so stark, als ihn ein zärtliches Herz lieben kann. Soll ich sie, meine Freundinn, unglücklich machen? Nimmermehr! sie

soll,

soll, sie muß Karls Herz erhalten, glücklich zu seyn.

Robert. Und liebet sie Karl?

Amalie. (vor sich) Was soll ich sagen? Der Bösewicht! Die Menschenliebe verbietet mir seine Verbrechen zu gestehen. (zu Robert) Ich denke, er wird, er muß sie lieben. Kann er gegen so viele Liebe unempfindlich seyn?

Robert. Aber itzt?

Amalie. Ist er ungerührt gegen den Werth ihres Herzens. Aber er wird es nicht länger seyn können, wenn er nichts weiter von mir zu hoffen hat.

Robert. Er liebet sie also nicht? dieß giebt meiner Seele einen Trost wieder. Folge deiner Neigung, meine Tochter, und liebe Karln. Lucie hat kein Recht auf sein Herz. Beleidigte nicht ihre Schwachheit die Bescheidenheit ihres Geschlechts, ja die Tugend selbst? Karl wird dein seyn, und Vernunft und Tugend werden Lucien die Herrschaft über ihr Herz lehren.

Amalie. Wie? mein Vater! Lucie sollte Thränen vergießen, und Amalie, ihre Freundinn, sollte die Ursache dieser Thränen seyn? Southwells Liebe ist Qual für mich, wenn ich Lucien soll meinetwegen leiden sehen. Können Sie, der Sie nie die Zähre eines Unglücklichen sahen, ohne diese Zähre in Segen für eine Wohlthat zu verwandeln, gegen Lucien allein es vergessen? Nimmermehr. Des Herz des Sir Roberts muß gegen jedermann Mitleiden empfinden.

Robert.

Robert. Lucie seufzt vergeblich nach Etwas, das sie niemals erlangen kann. Der alte Southwell wird nie seine Einwilligung zu dieser Verbindung geben.

Amalie. Sie sind sein Freund, und was für Gewalt hat ein redlicher Freund über das Herz seines eben so redlichen Freundes! Bitten Sie für Lucien; thun Sie es um Ihrer Tochter willen. Sie werden es thun. Haben Sie dieser Tochter jemals eine billige Bitte abgeschlagen? (für sich) O daß ich ihm die ganze Größe von dem Unglücke der armen Lucie entdecken dürfte!

Robert. Ich suche meinen Freund, Luciens Ruhe und Amaliens Glückseligkeit zu befördern. Geh zu deiner Freundinn und bekämpfe ihre Leidenschaft durch die Lehren, die dir deine Tugend eingeben wird.

Amalie. Luciens Leidenschaft verlangt keinen Kampf, sie verlangt Mitleiden. (Sie geht ab.)

Robert. Edelmüthige Freundschaft! Was für ein Glück ist es für Roberten, Vater zu seyn!

Vierter Auftritt.

Robert. Wilhelm Southwell.

Robert. (indem er seinem Freunde begegnet) Welches glückliche Schicksal führt dich deinem suchenden Freund entgegen? Immer noch betrübt? Vergiß deine Betrübniß und sey glücklich, mein Freund!

Willhelm.

Willhelm. Ich glücklich? Verdien' ich es zu seyn? Werde ich es jemals seyn können, so lange Lucie —

Robert. Hoffe! ein glücklicher Stral wird diese Wolke über deinem Haupte zertheilen. Laß uns durch Vernunft, Liebe und Tugend die Seele der Lucie heilen. Dein Sohn ist für meine Amalie allein zärtlich und freue dich mit mir, Willhelm, Amalie liebet ihn.

Willhelm. Amalie liebet ihn? und Karl gegen sie allein zärtlich? Freude, komm dann noch einmal zurück in mein seufzendes Herz! O Robert, berauscht deine freundschaftliche Seele mich nicht vielleicht mit einem falschen Vergnügen?

Robert. Traue deinem Freunde. Das sich verstellende Herz meiner Amalie selbst hat es mir entdeckt. Allein ihre ganze Seele ist Freundschaft und Mitleiden. Luciens Brust muß erst beruhigt werden, ehe Amalie die Hand deines Sohnes annehmen wird.

Willhelm. Welche schwere Bedingung! Die Stärke von Luciens Leidenschaft macht mir Qual. Hat sie nicht alle Gütigkeit des großmüthigen Bettertons ausgeschlagen?

Robert. Entehre das Herz eines Mannes nicht durch eine verzagte Kleinmüthigkeit. Freund! ist es der Mühe werth, ein Mensch und ohne Hoffnung zu seyn?

Willhelm. Segne diese Hoffnung, o Gott! Vergieb dem Herzen der Lucie, so oft es strafbar war. Laß

Laß diese Strafe auf mein schuldiges Haupt fallen; ich allein verdiene sie!

Robert. Laß unsere Freude durch keine Seufzer entweiht werden. O Freund, welche entzückende Scene würde es seyn! Unsere Kinder zu sehen! Wie sie sich, glücklich durch ihre Zärtlichkeit, umarmen! Wie sie von uns, ihren durch sie eben so glücklichen Vätern, umarmt und an die schon mattschlagende Brust gedrückt werden! Sieh deinen Sohn, Willhelm!

Fünfter Auftritt.
Die Vorigen. Karl Southwell.

Willhelm. Freue dich, mein Sohn, du wirst die Belohnung der Tugend erhalten, wenn du diese Belohnung verdienst. Du wirst Amalien besitzen. Danke dem besten Vater und Freunde für seine Einwilligung. Hoffe noch mehr. Amalie ist nicht unempfindlich gegen dich.

Karl (vor sich). Amalie nicht unempfindlich gegen mich? Welcher plötzliche Streich für Lucien! zu einer Zeit, da Mitleid und Amalie fast mein Herz wankend gemacht hatten; zu einer Zeit, da ich bereits im Begriff war, meine Leidenschaft gegen Lucien meinem Vater zu entdecken.

Willhelm. Was soll dieses Erstaunen, Karl?

Karl. Verzeihen Sie dasselbe dem Grade meiner Freude. Kann sie sich anders ausdrücken? Wer hat

je

je eine größere empfunden? Sir Robert! so werde ich dann den gütigsten Mann als meinen Vater umarmen dürfen? Wird jede noch übrige Minute meines Lebens genug seyn, Amalien und diese Gütigkeit zu verdienen? Aber mitten in seiner Glückseligkeit seufzt das stets zweifelnde Herz. Ist nicht meine Hoffnung ein Traum? War nicht nur noch vor wenig Minuten Amaliens Auge nichts als Verachtung gegen mich?

Robert. Wie getheilt ist zärtliche Liebe jederzeit zwischen Furcht und Hoffnung! Hoffen Sie ohne Furcht. Kindliche Pflicht hat dasjenige nicht vor mir verborgen gehalten, was weibliche Sittsamkeit für Sie zu einem Geheimnisse gemacht hatte.

Karl. Und was raubet mir noch meine Verzögerung diese kostbaren Minuten, die meiner Dankbarkeit gefühlvoller bey Amalien verschwinden würden?

Willhelm. Geduld, mein Sohn! Diese Hitze, diese Gefährtinn der Jugend, kann bey dieser Gelegenheit allein vielleicht löblich seyn. Luciens Seufzer verlangen zuvor Ruhe für Luciens Herz.

Karl. (vor sich) Himmel, ich bin verloren, wenn er alles weiß.

Willhelm. Luciens Gram kann dir nicht fremder seyn, als er mir ist.

Karl. Ach mein Vater!

Willhelm. Ihre Schönheit und ihr Herz verdienten das deinige.

Karl. Ich kann — ich kann nur Mitleiden —

Will=

Willhelm. Der Grad ihres Unglücks fodert mehr als Mitleiden; er fodert Liebe!

Karl. Vergebung, mein Vater! —

Robert. Ach! warum, Willhelm, beunruhigest du sein zärtliches Herz durch deine Umschweife? Nein, Southwell; Sie verstehen Ihren Vater falsch. Hören Sie mich. Ihr Vater weiß, daß Lucie Sie liebet, er weiß, daß Sie Lucien nicht wieder lieben, daß Ihr ganzes Herz meiner Amalie ist. Ihre ganze Aufführung verdienet seinen Beyfall. Aber das verwundete Herz der armen Lucie muß noch vor der Verbindung mit meiner Tochter geheilt werden. Es ist nichts als freundschaftliche Liebe, die er für Lucien verlangt, und der Sohn des Sir Willhelm Southwell muß sie keinem einzigen Unglücklichen, geschweige denn einer Lucie versagen.

Karl. Und nie, nie wird er ihr diese Freundschaft versagen. Kann er mehr für sie thun? Aber wie lange wird ihre flüchtige Leidenschaft dauern können? Dürfte ich einen Vorschlag thun, Lucien zu beruhigen?

Willhelm. Rede, mein Sohn, rede. Luciens und deine Glückseligkeit sind die einzigen Wünsche meines Alters.

Karl. Lassen Sie mich Lucien zu unserm gemeinschaftlichen Freunde Atkins und seiner Schwester begleiten. Er ist fähig, das Herz eines Frauenzimmers zu rühren. Ich will sie daselbst allein lassen. Die Entfernung und Atkins werden mein Bild aus ihrem Her-

Herzen auslöschen, und wir alle werden glücklich seyn können.

Robert. Sein Rath ist gut, Willhelm, laß uns ihm folgen.

Willhelm. Aber kann ich Lucien von mir lassen? Doch fodert es nicht ihre eigene Glückseligkeit? Was würde ich ihr nicht aufopfern, wenn ich sie erkaufen könnte? Selbst die meinige, wenn eine wäre, die ich mein nennen dürfte.

Sechster Auftritt.

Die Vorigen. Jakob.

Jakob. Der Bediente des Herrn Betterton verlangt Sie zu sprechen.

Willhelm. Unfehlbar seinen sterbenden Lippen den letzten Kuß freundschaftlicher Liebe aufzudrücken. Traurige Pflicht! Wenn werde ich so glücklich seyn und sie von dir fodern dürfen, o Robert! Dann erst, wenn ich durch Leiden der Tugend dieses Glücks würdig geworden bin.

Robert. Laß uns die Tage der Zukunft der Vorsehung überlassen, und die gegenwärtigen freudig und tugendhaft genießen. Ich begleite dich zu dem Lager deines Freundes, einige Minuten meines Lebens der nützlichsten Kunst in deiner Gesellschaft zu widmen, der Kunst sterben zu lernen. (Beide ab.)

Sie-

Siebenter Auftritt.
Karl Southwell. Jakob.

Karl. Laß sie ihre Kunst zu sterben lernen, Jakob. Karl, der glückliche Karl, versteht die bessere Kunst zu leben, glückselig zu leben.

Jakob. O Herr! daß Sie doch die erstere nicht gar über der letztern vergessen möchten! Wissen Sie wohl, wie viel Augenblicke Sie noch die erstere werden entbehren können?

Karl. Thor! mit deinem Geschwätze! darfst du dich wohl unterstehen, bey der Freude deines Herrn, des glückseligsten Menschen von der Welt, zu seufzen?

Jakob. Haben Sie sich mit dem Himmel und Lucien versöhnt, und sind so glücklich geworden, als Sie seyn können?

Karl. Schweig, Narr! der Ueberfluß meiner Freude allein verzeiht deiner Unverschämtheit. Wisse, Amalie liebet mich. Nur noch eine kleine Zeit, so wird sie auf ihren Gemahl, auf ihren Karl Southwell, stolz seyn. Sagte ich nicht, daß ich Sieger seyn würde, Jakob? Ja, was kann weiblicher Stolz und weibliche Tugend wider mich? Besaß nicht Lucie beides? Himmel! sieh die Größe meiner Freude und beneide mich!

Jakob. Rufen Sie nicht den Himmel, Ihre Freude zu sehen, damit er sich nicht dabey an Ihre Verbrechen erinnern möge.

Karl.

Karl. Predige, alter Sirach, predige! Ich kann mich heute über meinen ärgsten Feind nicht erzürnen. Aber der ehrliche Sir Robert! Jakob, er verdienet meine ganze Dankbarkeit. Er riß mich aus einer Unruhe voll Verzweiflung. Bald hätte mein Vater durch meine Unvorsichtigkeit meine ganze Liebe mit Lucien erfahren. Aber es ging alles gut, ehrlicher Jakob. Ich will dir es zu einer andern Zeit erzählen, wenn ich ruhiger bin; jetzt bin ich lauter Freude. Aber du so gleichgültig, so närrisch traurig?

Jakob. Verschonen Sie mich mit Ihrer Freude; ich bin nicht von einem so feinen Gefühle wie Sie. Aber Amalie, die tugendhafte Amalie, konnte die Pflicht gegen Lucien vergessen? Warum vergaß sie ihren Stolz gegen Sir Karln?

Karl. Mußte sie ihn nicht vergessen? Saget nicht selbst diese stolze Miene ihres Geschlechts jederzeit dem unsrigen: Ihre Dienerinn ersuchet sie, ja nicht so stolz, so grausam gegen sie zu seyn, als sie sich gegen ihn zu seyn stellt. Aber mein einfältiges Herz hätte sich bald durch ihre verstellte Sprödigkeit betrügen lassen. Würde sie nicht auch jeden außer mich völlig betrogen haben? So ernsthaft eifrig für ihre Freundinn! Unerforschliche Tiefe der weiblichen Verstellung! wer kann dich ergründen? Komm, Jakob, laß uns die Anordnungen zu unserer Reise zu meinem Freund Atkins machen. Er soll Lucien ihre Ruhe wieder geben. Schilt meine Gerechtigkeit, wenn du kannst.

Achter

Achter Auftritt.

Die Vorigen. Betty.

Betty. Verziehen Sie, Amalie kömmt, Sie zu sprechen.

Karl Amalie! mich zu sprechen? himmlische Gütigkeit! Zurück, Jakob! Entweihe die Einsamkeit der Liebe nicht durch deine Gegenwart.

Jakob. Ich danke Ihnen für Ihren Befehl, Herr; er ist Wohlthat für mich.

(Geht ab.)

Neunter Auftritt.

Karl Southwell. Betty. Lucie kömmt.

Karl (zur Betty, indem er Lucien erblickt.) Nichtswürdige Kreatur! (Er will weggehen, Lucie hält ihn zurück.)

Lucie. Verziehen Sie, Southwell. Verziehen Sie aus Ehrgeiz; ich weiß, Sie besitzen ihn. Sie sollen Ihren Triumph über Lucien sehen.

Karl. Herz! elendes Herz! verdammt sey deine Unruhe!

Lucie. Verzeihen Sie mir noch, als die letzte Probe Ihrer — wie soll ich es nennen? — Ihrer Herablassung, verzeihen Sie mir diese List, noch ein einzigesmal mit Ihnen zu sprechen. Ich wußte, daß ich es unter keinem andern als Amaliens Namen erlangen würde. Ich komme nicht, Ihnen Vorwürfe — nein! ich komme,

komme, Ihre Freude vollkommen zu machen. Sie sollen mich demüthig, Lucien zum erstenmale demüthig sehen. Sie sollen sie klagen, sie seufzen hören, damit Sie die Wollust empfinden können, über ihre Seufzer zu frohlocken.

Karl. Meine verdammte Leichtgläubigkeit!

Lucie. Ich war glücklich, ehe ich Sie liebte. Ich liebte Sie und fürchtete nie, daß ich durch Ihre Liebe unglücklich werden könnte; durch diese Liebe unglücklich zu werden, die meine ganze Glückseligkeit war? Ich beleidigte die Tugend, ich sah die Schande, ihre Rächerinn, herannahen. Ich drückte Sie an meine Brust und ich vergaß Tugend, ich vergaß Schande, ich vergaß alles, wovor ich zu zittern Ursache hatte. Glückselige Minuten! da unsere Seelen in dem gemeinschaftlichen Gefühle ihrer Zärtlichkeit zerflossen, da Sie noch meine Lucie sagten, da ich noch mein Karl Southwell sagen konnte. Warum ließen Sie mich doch diese Minuten empfinden? oder da Sie mich solche empfinden ließen, warum rauben Sie mir diese ben? Barbar! wenn habe ich Ihnen eine einzige Zärtlichkeit nicht durch eine noch größere vergolten? Wenn war mein Auge nicht auf das Ihrige geheftet, um alle Ihre Wünsche in demselben zu lesen? Und wenn las ich einen einzigen Wunsch in diesem Auge, ohne ihn zu erfüllen? O! daß ich sie nie erfüllt hätte, so würde ich Sie jetzt verachten können. Und doch, Undankbarer, welchen Lohn meiner Liebe ge-

ben

ben Sie mir? Daß Sie mich zu Thränen, zu ewigen Thränen verdammen! mich? die ich Sie bey allen Ihren Grausamkeiten nicht vergessen kann. Barbarische Natur! warum gabst du mir ein zärtlicheres Herz, als dasjenige, das du mich zu lieben verdammtest? —

Karl. Ach Lucie!

Lucie. Sie seufzen? Seufzen Sie nicht! Rauben Sie mir nicht noch den elenden Trost, Sie den Grausamsten zu nennen. Ihre Seufzer würden Mitleiden verrathen, und ich würde sodann weniger Recht haben, mich über Sie zu beklagen. Spotten Sie meiner, damit mein Herz noch vielleicht die elende Linderung seiner Qual fühlen möge, daß Karl Southwell dieses Herzens völlig unwürdig war. Fürchten Sie keine Gerechtigkeit des Himmels, die Ihre gebrochnen Eidschwüre strafen werde. Nein! Sie sey nicht! Sie sey nicht! Lucie wünschet es mit Ihnen, damit sie weder die schrecklichste Rache an demjenigen, den ihre ganze Seele liebt, erblicken, noch für ihre eigenen Verbrechen die Strafe dieses beleidigten Himmels fürchten darf.

Karl. Es ist zu viel, Lucie! Meine Seele kann dieß nicht ertragen. Lassen Sie mich weggehen.

Lucie, (die ihn zurückhält.) Eine Zähre von den Wangen Karl Southwells! Verlor er sie vielleicht um diese Lucie, die ehmals aus Zärtlichkeit mehr als eine von ihren Wangen herabschleichen fühlte? Eitle Einbildung! Nein! vielleicht weinte sie die Natur über den unschuldigen Zeugen, soll ich sagen, unsrer Liebe oder unsrer Verbrechen? Ja, vergessen Sie seine unglückliche Mutter, aber zeigen Sie ihr, — ich beschwöre Sie bey diesem noch ungebornen Pfande — zeigen Sie ihr, wie sie es seinen Vater soll kennen lehren, ohne ihm zugleich erkennen zu lassen, daß dieser Vater ein Bösewicht war. Sagen Sie, wie ich es lehren soll, diesen Vater zu lieben, den wir beide verfluchen sollten. (Sie fällt vor ihm nieder.) Hören Sie meine letzte Bitte. Befreyen Sie sich von einer Last noch zukünftiger Verbrechen. Ersticken Sie es in dem Blute seiner ermordeten Mutter. Es würde doch nie den Namen Vater aussprechen können, ohne Ihr Haupt mit einem neuen Verbrechen zu beschweren.

Karl, (indem er sie aufhebt.) Barbarische Liebe! sind dieß deine Glückseligkeiten?

(Geht ab.)

Zehnter Auftritt.

Lucie. Betty.

Lucie. Ich habe das Herz des Barbaren gerührt, Betty. Aber schrecklicher Sieg! Er hat mir meinen Stolz, meinen Abgott gekostet. Lucie, wie verächtlich bist du dir selbst? Welche Erniedrigung! Du hast dich vor einem elenden Karl Southwell gedemüthigt, ihm eine Gerechtigkeit abzuzwingen, die er dir schuldig war? Karl! wenn wird meine Seele fähig seyn, dafür Rache an dir auszuüben? Doch sie wird es dereinst seyn, wenn ich Lucie bin.

Betty.

Betty. Wissen Sie, Fräulein, wie sich Betty an Karl Southwelln rächen würde, wenn sie Lucie wäre?

Lucie. Sage mir diese Rache, wenn sie grausam genug ist.

Betty. Grausamer und süßer als alle andre Arten. Ich würde Sir Karln in den Armen eines bessern Liebhabers vergessen.

Lucie. Um sodann eben so geschwind wieder von diesem vergessen zu werden?

Betty. Und was würde Sie hindern, ihn zuerst in den Armen des dritten zu vergessen? Fräulein, Sie kennen das wahre Geheimniß der Liebe noch nicht. Eine elende und ekle Einförmigkeit – – –

Lucie. Genug! Mein Stolz verwirft alle deine Vorschläge. Ich will mit diesem verrätherischen Geschlechte nichts weiter zu thun haben, außer wenn ich es quälen kann. Selbst aus Stolz, nicht aus Liebe soll Karl mein Gemahl werden! Was geht die Liebe, diese sanfte Leidenschaft, einem Herzen an, das sich selbst durch Haß, Neid und Verzweiflung verzehret? Aus Stolz sey er mein Gemahl, mich der Schande zu entreißen, die mir droht, mich der Finsterniß meiner Geburt zu entziehen und meinen Ehrgeiz zu sättigen; nicht eine Amalie über mich triumphiren zu sehen, die ich hasse, weil ich sie keiner Laster beschuldigen kann.

Betty. Ich versichere Sie, Fräulein, Southwell hat bey aller dieser Hitze weniger von Ihrer Rache zu befürchten, als er von Ihrer Zärtlichkeit zu hoffen hat. Lassen Sie mich Ihrentwegen wünschen, daß er die

Empfindungen, die Sie in ihm rege gemacht haben, nicht vergessen möge.

Lucie. Grausame Betty! was für Vergnügen findest du in meiner Qual? Weg mit diesem Gedanken! Mich, nach der tiefsten Erniedrigung, nachdem ich weggeworfen genug um seine Liebe gefleht habe, mich sodann noch zu verachten? Und wie? wenn er es thäte? Sollte er und ich noch den äußersten Grad meiner Schande überleben? Wahrlich! weder er noch ich sollen ihn überleben. Habe ich nicht bereits ein Verbrechen begangen, und bin ich nicht daher zu dem schrecklichsten fähig genug? Ja, Betty, Karl hat mich gedemüthigt gesehen, und um Erbarmung flehen gehört. Meine stolze Seele mußte sich zu dieser Tiefe herablassen, wenn sie ihn nicht auf ewig verlieren wollte. Ich will noch einen Versuch auf Amalien thun. Sie ist großmüthig. Die Wuth wird noch aufgehoben, wenn die Demüthigung nichts ausrichten sollte.

Betty. Ausschweifungen, Fräulein! Kommen Sie und lassen Sie uns unsern Sieg wider Karln fortsetzen. Verachten Sie ihn, wenn der Sieg mißlingt.

Lucie. Wohlan! dieß beängstigte Herz soll noch hoffen. Wenige Minuten werden mein Schicksal entscheiden: ob ich so glücklich, als ich es werden kann, oder ewig unglücklich seyn soll. Es sey dieß letztere, Schicksal, wenn du deine Freude an meiner Qual findest. Aber dir schwöre ich, o Rache, Lucie soll nicht unglücklich werden, ohne noch andere mehr neben sich unglücklich zu machen.

Dritter Akt.
Erster Auftritt.

Amalie. Karl Southwell.

Karl. Lehren Sie mich Amalien vergessen, und ich will Lucien lieben.

Amalie. Hören Sie die Tugend, und Sie werden beides thun können.

Karl. Es ist schwer, soviel Hoffnung aufzugeben. Ihr Herr Vater selbst erweckte sie in mir.

Amalie. Ich habe Ihnen die Gründe gesagt, welche meinen Vater zu seinem Irrthum verleiteten. Seine Unwissenheit wegen Luciens Schicksale ließ ihn glauben, daß Luciens Liebe überwindlich und meine Verbindung mit Ihnen möglich sey. Ich wiederhole ohne Erröthung mein Geständniß gegen meinen Vater vor Ihnen selbst; Sie waren meinem Herzen nicht gleichgültig. Aber ich schwöre Ihnen, ich empfand von dem Augenblicke an, da ich Ihre und meine Pflichten kennen lernte, nichts als Freundschaft. Ich biete Ihnen heute diese Freundschaft noch einmal an. Wollen Sie diese?

Karl. Sagen Sie mehr, sagen Sie Liebe.

Amalie. Nennen Sie mir dieß Wort nicht mehr, wenn ich Sie nicht sogleich verlassen soll. Alle zärtliche Sorgfalt für die Ehre meiner Freundinn wird mich sodann nicht abhalten, dem rechtschaffenen Manne zu ent-

entdecken, was er für einen Bösewicht zum Sohne hat. Er wird Sie sodann zwingen, dasjenige der Gerechtigkeit zu geben, was Sie doch mit einem gewissen Scheine von Tugend der Liebe leisten könnten.

Karl. Mein Herz würde diesen Zwang nicht nöthig haben, wenn nicht Amalie seine Verführerinn geworden wäre.

Amalie. Ungerechter Southwell, wollen Sie mich zu einer Mitgenossinn Ihrer Verbrechen machen? Doch es ist die Gewohnheit Ihres Geschlechts, dem unsrigen alle die Fehler, die das Ihrige selbst beging, aufzubürden. Ich beschwöre Sie weder bey derjenigen Gerechtigkeit, die noch kein Verbrechen ungerochen gelassen hat, weder bey Ihrer Pflicht, noch bey dieser Tugend, die Sie vielleicht beide nicht genugsam kennen; ich beschwöre Sie bey Ihrer Glückseligkeit selbst, lieben Sie Lucien. Wie können Sie in dem Arme einer jeden andern Gemahlinn eine einzige Zärtlichkeit empfinden, da sie sich dabey an die Zärtlichkeiten der armen Lucie erinnern müssen? Wird ein einziger Ihrer Träume von den Schrecken des Bildes der Lucie frey seyn? Fürchten Sie diese Ruhe, die auf eine kurze Zeit Ihre Sinne berauschen wird. Sie wird verschwinden wie ein Traum, und Schrecken werden Ihre Nächte und Verzweiflung Ihre Tage seyn. Warum ist doch Ihr Auge so blöde, die Glückseligkeit nicht zu sehen, die Ihrer in Luciens Armen erwartet? Eine Gemahlinn, die weiter keine Glückseligkeit als Sie verlangt, die alle

Ihre

Ihre Wünsche übertreffen wird, die Sie und Ihren Vater zugleich glücklich machen wird! Können Sie ein Mensch und gegen dieß alles unempfindlich seyn?

Karl. Ich unempfindlich? Mein Herz, Lucie, leidet mehr als das deinige!

Amalie. Es ist ein Ruhm für Ihr Herz, daß es leidet. Ich habe niemals von dem Sohne des Sir Willhelm Southwells geglaubt, daß sein Herz unedel seyn könnte. Eine gewisse Leichtsinnigkeit, Eigenliebe und Wankelmuth (verzeihen Sie einer weiblichen Offenherzigkeit) wird er leicht in dem Umgange mit einer würdigen Gemahlinn vergessen lernen, und sein Herz wird sodann mit dem edelsten Herzen um den Vorzug streiten können.

Karl. Wodurch wird sich Lucie von der Last ihrer Verbindlichkeiten befreyen, die sie den Bemühungen ihrer Freundinn schuldig ist?

Amalie. Diese Bemühungen sind überflüßig belohnt, wenn Sie Lucien ihre alten Rechte wieder einräumen. Werde ich nicht sodann das Vergnügen empfinden, an Ihrer und meiner Freundinn Glückseligkeit gearbeitet zu haben? O! kennten Sie die Wollust, diese erhabene Wollust, die ein Herz fühlt, das seine Pflichten sein Gesetz seyn läßt, das durch diese Pflichten die Glückseligkeit seines Nächsten befördert sieht, Sie würden die Verzögerung verfluchen, die Ihnen diese Wollust geraubt hat.

Karl.

Karl. Führen Sie mich, erhabene Amalie. Ich will versuchen, ob mein Herz noch unverderbt genug ist, diese Wollust empfinden zu lernen.

Amalie (Betty von weitem.) Nunmehr sind Sie mein Freund. Umarmen Sie Ihre Freundinn. Alles, was Ihnen mein Herz einräumen kann, schenke ich Ihnen.

Zweyter Auftritt.
Die Vorigen. Betty.

Betty. (zu Amalien) Ich habe Ihnen hier einen Brief von dem Fräulein zu übergeben. (Zu Karln) Wenn Sie der ärgste Barbar wären, Sir, Sie würden sie ohne Thränen nicht sehen können.

Amalie (nachdem sie gelesen hat.) Hören Sie, was Lucie schreibt. „Nach allen den Grausamkeiten von Sir „Karln, unter welchen meine Seele seufzet, fühle ich „Elende noch, daß ich ihn ewig lieben werde, und weil „ich ihn denn lieben muß, so trete ich alle meine Rechte „an Sie ab. Würde er nicht in meinen Armen ohne „Amalien ewig unglücklich seyn? Und ich, ich sollte „denjenigen durch mich unglücklich sehen, für den ich „jederzeit, jede Minute auf eine neue Glückseligkeit „sann? Nein, geniessen Sie an Ihres Southwells Brust „das Glück, welches vielleicht Lucie nie verdiente. Lö„schen Sie mein Bild aus seinem Herzen aus, damit „es ihn nie quälen möge. Der Gedanke, daß ich ihn „quälen sollte, würde das größte meiner Leiden seyn. „Ich

„Ich fliehe zu einer Einsamkeit, die mich lehren soll
„in Amaliens und Southwells Glückseligkeit ein Ver-
„gnügen zu finden, das ich in meinem eigenen Glücke,
„auf mein ganzes übriges Leben vergeblich suchen
„werde." Gefällt Ihnen dieser Inhalt? Was soll
dieser Seufzer, diese traurige Stellung? Kommen Sie
fort, lassen Sie uns diesen Brief beantworten.

(Sie gehen ab.)

Betty. Arme Fräulein! Weniger Stolz, weniger
Zärtlichkeit, weniger Zwang einer äußerlichen Tugend
würden dich an einem untreuen Liebhaber und einer
falschen Freundinn rächen.

Dritter Auftritt.

Betty. Lucie.

Lucie. Gieb den unglücklichen Brief zurück, Betty.
Alle List ist vergeblich. Wuth, Wuth ist allein noch
für Lucien übrig. Amalie liebet Karln. Sie hat ihm
bereits ihre Hand versprochen. Ich habe es diesen
Augenblick aus dem Munde ihres eigenen Vaters gehört. Gieb den Brief zurück, damit sie nicht meine
Schande lesen und über mich frohlocken kann. Wo
ist er? Gieb ihn zurück.

Betty. Es ist zu spät, Fräulein, Amalie hat ihn
gelesen.

Lucie.

Lucie. Meine Nebenbuhlerinn? Einen Brief, in dem ich mich selbst unter sie erniedrige? aus dem sie die ganze Größe meines Verlustes sehen kann? Soll sie über mich frohlocken? über Lucien? Nichtswürdige Betty, mußt du eilen ...

Betty. War es nicht Ihr Befehl, Fräulein?

Lucie. Ja, meine elende List ist Ursache; die thörichte Hoffnung, meine Nebenbuhlerinn durch ihre Großmuth zu überwinden Einfältige Lucie! die Zuflucht zu der Großmuth einer Nebenbuhlerinn, und wenn es auch eine Amalie selbst ist, zu nehmen? Kenne ich die menschlichen Tugenden nicht? War es mir fremd, daß sie nichts mehr sind, als die Decke des Lasters? Strafe mein Herz, Betty! strafe es durch die Erzählung von dem Triumphe meiner Nebenbuhlerinn, als sie mein eigenes Geständniß las, daß sie besser als ich sey.

Betty. Wie lange wollen Sie sich doch durch Ihre heroische Liebe lächerlich machen? Die Zeit, da der meynetwegen Ritter den Tod verdiente, der seiner Prinzeßinn untreu ward, ist vergangen. Erinnern Sie sich doch daß Sie in einem weit philosophischern Zeitalter in Ansehung der Liebe leben. Mehr als zwölf liebenswürdige Herren bieten Ihnen ihre Rache wider Karl Southwellen an, und ehe ein Monat vergeht, können Sie sich von allen zwölfen gerächt sehen.

Lucie Dein unständiges Geschwätz hat mich schon mehr als einmal verdrüßlich gemacht. Sage mir, mit was für Minen Amalie den Brief empfangen hat.

Betty.

Betty. Unglückliche Neubegierde! was wird sie Ihnen helfen, als Ihre Verzweiflung verstärken? Doch Sie wollen es; hören Sie denn. Sie empfing Ihren Brief, wie eine Person, die unsern feinen Geschmack in der Liebe besitzt. Sie las ihn, lächelte, las ihn Sir Karln vor. Er seufzte einmal, vielleicht aus einer verstellten Höflichkeit. Amalie verwieß ihm seinen Seufzer, schlang den Arm um ihn und führte ihn fort. Sehen Sie, dieß ist alles, was ich Ihnen sagen kann.

Lucie. Freue dich deines Sieges, meine Feindinn, aber zittere vor Luciens Rache, die mit starken Schritten auf dich loseilet. Ich haßte dich ehemals, weil du besser als ich warst, und jetzt freue ich mich, daß ich dich hassen kann, weil du niederträchtiger als ich bist. Herrlicher Ruhm für Lucien! Es giebt noch Jemand, der niederträchtiger als sie ist. Doch vielleicht spottet sie jetzt, in dem Genusse der Zärtlichkeiten einer eben so niederträchtigen Seele als die ihrige, meiner Qual, und der ungerechteste Bösewicht, den der eben so ungerechte Himmel leben läßt, lehrt sie in seinen Armen, wie sie über mich frohlocken soll. Auf, Lucie! die Opfer deiner Rache sind bereit. Gieb ihnen den tödtlichen Streich. Sieh diese Qual, mit der ihre treulose Seele von ihnen flieht. Freue dich noch einmal über ihre Qual, verzweifle sodann und stirb.

Vierter Auftritt.

Die Vorigen. Amalie. Karl Southwell.

Karl. Wohin, grausame Lucie? sehen Sie dieß Opfer, das Sie suchen, zu Ihren Füßen. Tödten Sie es und lassen Sie sich sodann sagen, daß Sie den zärtlichsten Liebhaber getödtet haben.

Lucie. Amalie und Karl vor meinen Augen, und Lucie zu kraftlos, Rache von ihnen zu fodern? Ja, ich war noch der nothwendigste Zeuge, der ihnen zu ihrem Triumphe über mich mangelte.

Amalie. Unbillige Freundinn, sehen Sie Ihren Southwell, der Verzeihung von Ihnen verlangt, und ohne diese Verzeihung unglücklich seyn wird.

Karl. Und wissen Sie, daß es Amalie war, die diese Pflichten zuerst wieder in mir lebendig gemacht hat.

Lucie. Sie besitzen das Recht über Lucien zu spotten; aber zittern Sie, Lucie hat Ihnen noch nicht das Recht zugestanden, sich ungerochen frotten zu lassen.

(Sie will weggehen.)

Amalie, (die sie zurück hält) Hören Sie doch auf, Liebe und Freundschaft zugleich zu beleidigen.

Karl. Wohlan! versagen Sie mir Ihre Verzeihung, überlassen Sie mich der Verzweiflung, die meine Untreue verdienet, und doch soll jeder künftiger Augenblick ein Beweis meiner Zärtlichkeit für Sie seyn.

Lucie.

Lucie. Ein Beweis Ihrer Zärtlichkeit für Lucien, die Sie verachten?

Karl. Für Lucien, die ich anbete, die ich mehr als meine Seele liebe.

Lucie. Sie mich lieben?

Karl. Mehr, wenn es möglich ist, als in dem ersten Augenblicke, da ich Sie zu lieben anfing. Gütigste Lucie! verzeihen Sie einem verblendeten Liebhaber, der Ihr Herz nicht verdienet, weil er den Werth desselben noch nicht recht kannte. Vertilgen Sie diese unglücklichen Minuten aus Ihrem Gedächtnisse; lassen Sie uns nur an die zukünftigen gedenken, die unserm Leben ein ewiger Lenz seyn werden. Ich setze Sie noch heute in alle Rechte meiner Gemahlinn. Ich eile, den gütigsten Vater um Erlaubniß zu bitten. Das Glück seiner Lucie und seines Sohnes sind seine vornehmsten Gedanken. Wie wird sein väterliches Herz in Freuden überfließen, wenn es hören wird, daß unsere Seelen einander zu beglücken geschaffen wurden.

Lucie. Thörichtes Herz! läßt du dich nicht vielleicht zu geschwind von deiner Hoffnung betrügen? So werde ich denn noch einmal eben den zärtlichen Liebhaber an meine klopfende Brust drücken, den ich ehemals in meine Arme schließen konnte. Und Ihnen, Amalie, die ich durch die niedrigsten Ausschweifungen der Eifersucht beleidigt habe, muß ich es danken, daß ich ihn an dieses Herz drücken kann?

Amalie. Sie haben es Niemand, als bloß dem

E 2 Herzen

Herzen Ihres Karls selbst zu danken, das niemals so unedel seyn kann, seine Pflichten ganz zu vergessen.

Lucie. Können Sie mir verzeihen? nimmermehr können Sie es.

Amalie. Ich Ihnen verzeihen? haben Sie mich beleidigt?

Lucie. Warum muß doch Lucie jederzeit kleiner als Sie seyn? Jederzeit sehen Sie von Ihrer Höhe auf Ihre im Staube kriechende Freundinn herab.

Amalie. Nichts mehr hievon! Jede Minute, die Sie der Zärtlichkeit rauben, ist ein Verbrechen wider die Liebe.

Lucie. Ach! diese Zärtlichkeit, däucht sie mir nicht immer noch ein Traum? Habe ich nicht aus dem Munde des Sir Roberts selbst die Neigung seiner Tochter gegen Karln gehört?

Karl. Ach! Lucie, können Sie dem Munde des Sir Robert mehr glauben, als dem Munde des zärtlichsten Liebhabers und der redlichsten Freundinn, die ihre Zunge noch nie durch eine Falschheit entweihet hat?

Lucie. Mindern Sie Ihre Freundschaft, Amalie, wenn mein Herz nicht unter seinen gewaltsamen Bewegungen erliegen soll. Seine Kräfte werden bereits zu schwach, seine Freuden zu empfinden. Lassen Sie uns in meinem Zimmer es zu stärken suchen. — So werden Sie denn wirklich mein seyn, lieber South=well?

Karl.

Karl. Ewig der Ihrige, meine Lucie. (Sie gehen ab.)

Betty. (vor sich) Närrische Liebe, die nicht eben so geschwind wieder vergessen werden kann, als sie empfunden wurde! Es waren Zeiten, da Betty weiser zu lieben wußte, als Lucie. Doch Betty verliert nichts, außer wenn Lucie keinen freygebigen Liebhaber hat. Und ist nicht Karl Southwell freygebiger als alle andere?

Fünfter Auftritt.
Betty. Sir Robert.

Robert. War es nicht deine Fräulein, Betty, die ich mit Karln und meiner Tochter über den Saal gehen sah?

Betty. Sie waren es, Sir Robert.

Robert. Und Lucie viel ruhiger, als vor wenigen Augenblicken in Amaliens und Karls Gesellschaft? Sollte wollte Karln ein Mittel gelungen seyn, Lucien zu beruhigen?

Betty. Ich schließe aus der ruhigen Gelassenheit meiner armen Fräulein, daß er so glücklich gewesen ist.

Robert. Diese Neuigkeit ist zu wichtig, als daß sie dem Sir Willhelm unbekannt bleiben sollte. Eile, Betty, und rufe Karln hieher zu seinem Vater.

(Betty geht ab.)

Sechster Auftritt.

Sir Robert. Sir Wilhelm.

Robert. Was für einen reizenden Anblick hast du versäumt, Willhelm! Wärest du wenige Minuten eher hier gewesen, du würdest der frölichste Zeuge deiner eigenen Glückseligkeit gewesen seyn. Ich habe Lucien in Amaliens und deines Sohnes Gesellschaft gesehen. Alle drey so freundschaftlich! Die Freude in Amaliens und Karls Augen so rein, so unverstellt! Luciens Stirne nur noch durch einige kleine Wolken der Traurigkeit, die sich bald zerstreuen werden, verhüllt! Glaube mir, Willhelm, wir sind die glücklichsten Väter, die gelebt haben.

Willhelm Deine Seele überläßt sich der Hoffnung allzubereit. Ich habe Luciens Herz gegen Karln erforscht. Ich sehe durch alle Hüllen seiner Verstellung hindurch. Es ist lauter Wuth, wegen seiner fehlgeschlagnen Neigung. Nein, Robert! schmeichle mir mit nichts; Willhelm ist verdammt, durch diejenigen unglücklich zu seyn, die ihn glücklich machen sollten.

Robert. Geziemet dieses Mistrauen, der unzertrennliche Gefährte des gemeinen Alters, einem Manne von deiner Erfahrung? Soll ich vielleicht meinen eigenen Augen nicht glauben? Findest du Haß in den Mienen einer Person, welche sich freundschaftlich an den Armen desjenigen, den sie hassen soll, anhängt und gegen ihn lächelt?

Will=

Willhelm. Laß mich zweifeln; mein Glück ist zu groß, als daß ich es hoffen kann. Sollte Lucie die Herrschaft über ihre Vernunft wieder erhalten haben?

Robert. Kennst du das weibliche Herz nicht? Wünschet es nicht mit eben der Hitze, mit eben der Heftigkeit, als es seine geliebtesten Wünsche wieder vergißt? Glaube mir, der natürliche Hang ihres Geschlechts zu veränderten Gegenständen, würde in dem Herzen der Lucie das allein möglich machen, was die Vernunft ihm noch überdieß einschärfen wird.

Siebenter Auftritt.

Die Vorigen. Jakob.

Jakob. Ihr Herr Sohn bittet um Erlaubniß, Ihnen aufzuwarten.

Willhelm. Wo ist er, Jakob?

Jakob. Bey Lucien, so glücklich und vergnügt, als er jemals gewesen ist.

Willhelm. Und Lucie?

Jakob. Sie ist vollkommen ruhig, und Amalie theilet ihre Freude mit ihrer Freundinn und Ihrem Sohne.

Robert. Zweifelst du noch, Willhelm?

Willhelm. Ach Freund! soll es möglich seyn, daß ich noch eine wirkliche Glückseligkeit hoffen dürfte? Karln und Amalien glücklich und Lucien ruhig zu wissen!

sen! Alle deine Wünsche, o Herz, sind erhört. Lieber, lieber Karl, wie hast du meiner Lucie ihre Ruhe wiedergeben können?

Jakob. Ich glaube, daß es seine Absicht ist, Ihnen die Bedingungen, unter welchen er ihr dieselbe wieder gegeben hat, zu entdecken.

Willhelm. Eile, meine ganze Seele ist Ungeduld. Sie sind alle eingestanden. Sie mögen seyn, welche sie wollen. Nichts ist mir zu kostbar für Luciens Glückseligkeit.

(Jakob geht ab.)

Robert. Nun ist meiner Erfahrung noch die Falschheit des menschlichen Glücks fremd; oder bist du ein neuer Beweis, wie oft der kurzsichtige Mensch noch dann über sein Unglück seufzt, wenn er über seine Glückseligkeit frohlocken sollte?

Willhelm. Nein, Robert! mein Herz fürchtet noch immer — Willhelm soll seinen Sohn, seine Lucie, beide glücklich in seine Arme schließen! So viel Glück! verdient er dasselbe? Nein, Robert! mein Glück ist ein Schatten! Es ist Erdichtung.

Robert. Du verdienest dir zur Strafe, daß es ein Schatten, eine Erdichtung seyn möge.

Achter Auftritt.

Die Vorigen. Karl Southwell.

Willhelm. Rede, mein Sohn, ist Lucie ruhig? ist sie es wirklich?

Karl.

Karl. Sie ist es, und noch mehr, sie ist so glücklich, als Ihr Karl Southwell, der glücklichste auf dem ganzen Erdboden.

Robert. Zweifle an deiner Glückseligkeit, Willhelm, sie ist ein Schatten, sie ist Erdichtung.

Willhelm. Lucie und mein Sohn glücklich! Gütiger Himmel! so sind denn deine Wohlthaten die Strasen, wodurch du dich rächest? Wie wird meine Seele ihre Freude ausdauern können?

Karl. Bester, gütigster Vater! So viel Liebe! so viel Zärtlichkeit! Kann ich es ausdrücken, was mein Herz fühlet? Wie konnte doch Karl nur einen einzigen Augenblick unwürdig seyn, Ihr Sohn zu heissen.

Willhelm. Nie warst du es, mein Sohn. Blos dein Mitleiden gegen Lucien verdienet schon diesen Namen. Derjenige, der das Unglück nie sieht, ohne ihm sein Mitleid und seine Thräne zu schenken, verdienet der Sohn eines jeden rechtschaffenen Mannes zu seyn. Fahre fort, der Menschlichkeit durch dein Mitleid Ehre zu machen. Thue noch mehr! Liebe Lucien. Dein Vater würde sich kränken, wenn du sie nicht lieben solltest.

Karl. Mein Vater würde sich kränken, wenn ich sie nicht lieben solte? gütigster Sir! Ich liebe sie. Sollte ich sie nicht blos deswegen lieben, den besten Vater, den die Natur jemals gegeben hat, nicht zu kränken?

Willhelm. Vollkommen edel! Ich erkenne und umarme meinen Sohn.

Karl. Und Sie wollen es also, daß ich sie liebe?

Willhelm Wer kann es nicht wollen, ohne ein Feind der Tugend zu seyn? Selbst Amalie wird deinem Herzen ihren Beyfall —

Karl. Amalie, die erhabene Amalie hat mir diesen Beyfall bereits ertheilt. Sir, sie allein ist es, durch die ich glücklich bin.

Willhelm. Ja, ich weiß, du bist glücklich, und du bist es durch Amalien. Heute noch sollen alle deine Wünsche gekrönt werden.

Karl. Heute noch? Weniger Gütigkeit, wenn ich mein Glück überleben soll. Sie wissen es also, daß ich glücklich bin? Wer hat es Ihnen entdeckt? Eitler Verzug! Lassen Sie mich Lucien holen, daß ich mich mit ihr zu Ihren Füßen werfen und sie von Ihrer Hand, als meine Gemahlinn, erhalten kann —

Willhelm. Wen? Lucien, als deine Gemahlinn?

Karl. Wie, mein Vater? Sie erstaunen? Ja, diese Lucie, die Sie mir diesen Augenblick zu lieben befohlen haben, und die ich nach Ihnen mehr als alle Welt liebe?

Willhelm. Fürchtete mein Herz vergeblich, Robert?

Karl. Mein Vater und sein Freund, beide vor Schrecken sprachlos! Und dieß, weil ich Lucien liebe? Ach, wie sehr betrog mich meine Einbildung! Ich sehe,

sehe, Sie wissen noch nicht, wie glücklich ich bin. Erlauben Sie, gütigster Vater, daß ich Ihnen die Vergehung Ihres Sohnes gestehe, der Ihnen noch nie eine gestand, ohne dafür Verzeihung zu erhalten. Ich habe Ihnen meine Neigung für Lucien verborgen. Ich liebte sie, sobald ich sie sah, und mein Herz hatte das Glück, wieder geliebt zu werden, ohne es zu verdienen. Verzeihen Sie es der Zärtlichkeit zweyer Herzen, die sich vor der Strenge einer erhabenen Tugend fürchteten, ihr diese gemeinschaftliche Leidenschaft sehen zu lassen. Wie hätte Ihr unwürdiger Sohn nur den Beyfall dieser Tugend bitten können, da ihn der Anblick der liebenswürdigen Amalie wankend machte? Aber nunmehr, da ihn diese vortrefliche Amalie wieder zu seiner Pflicht zurückgeführt, und alle ihre Rechte an Lucien abgetreten hat. Nunmehr, da er von der zärtlichen Lucie Verzeihung erhalten hat, nunmehr sucht er eben diese Verzeihung und die Einwilligung dieser Verbindung zu den Füßen eines Vaters, der noch niemals die Verzweiflung seines Sohns gewollt hat, und der ihm also diese Einwilligung nicht abschlagen kann. — Aber ach! nicht eine Sylbe von Ihnen? Dieser schweigende Gram, diese Thränen in Ihren Auge! Was verkündigen sie mir? Daß Ihr Sohn unglücklich, und durch den zärtlichsten Vater selbst unglücklich seyn soll? Vergessen Sie, daß ich strafbar war. Unterdrücken Sie Mitleid und Verzeihung, diese Eigenschaften, dadurch Sie so oft sich über andere

Men-

Menschen erhoben haben, nicht zum erstenmal gegen Ihren Sohn. Lehren Sie mich, wie ich meinen Fehler verbessern kann, und die schwersten Pflichten sollen mir leicht seyn.

Willhelm. Vergiß Lucien. Dieß ist der einzige Weg, ihn zu verbessern.

Karl. Gott! Lucien vergessen? Kann ich, können Sie selbst dieß wollen? Unmöglich können Sie es.

Willhelm. Ich will, und dein Gehorsam allein wird mir meinen Sohn wieder schenken.

Karl. Erinnern Sie sich, es ist diese Lucie, die ohne mich ewig unglücklich seyn wird, und die Sie selbst nur noch vor wenig Augenblicken so sehnlich glücklich wünschten. Wie kann ich sie vergessen, ohne sie zu hassen? Und wenn ward ich von Ihnen gelehrt, einen einzigen Menschen zu hassen?

Willhelm. Liebe sie als deine Freundinn und Amalien als deine Gemahlinn. Kannst du deinem Vater ohne Erröthung die Wankelmuth gestehen, die Amaliens Seele mit Verachtung gegen dich erfüllen muß?

Karl. Lucie und Amalie, beide haben mir sie verziehen, sollten Sie weniger gütig seyn können? Mein Herz verdient Amalien nicht. Lassen Sie es der armen Lucie. Sie werden es ihr niemals entreißen können, ohne das ihrige und das meine zugleich mit den tödtlichsten Martern zu zerreißen.

Willhelm. Verlaß mich und hoffe nie, Lucien als deine Gemahlinn zu umarmen.

Karl.

Karl. Hoffen Sie nie, daß Karl Southwell eine andere Gemahlinn wird umarmen können. Unnütze Tugend! ich war glücklich, so lange ich lasterhaft war; und jetzt, da ich für dich zu empfinden anfange, bin ich elend.

(Geht ab.)

Neunter Auftritt.

Wilhelm Southwell. Robert.

Willhelm. Rühme sie mir, wenn du kannst, rühme sie mir, diese menschliche Glückseligkeit. Noch weniger als ein Schatten ist sie, und thöricht ist das Herz, das sie nur einen einzigen Augenblick zu empfinden glaubt, und seine Seufzer vergessen kann. Gott! warum schufst du das Herz des Menschen zur Freude, zur Hoffnung, zur Empfindung der Glückseligkeit selbst fähig, da der Schmerz und die Traurigkeit sein einziges Erbtheil sind, das er hier zu hoffen hat? Doch ich alter Bösewicht! Will ich durch meine Klagen meinem schon schwachen Rücken noch eine Last mehr an Verbrechen aufbürden? Wenn ließ die Gerechtigkeit des Himmels je einen Verbrecher ungestraft? Und will ich der einzige seyn, den sie verschonen soll? Nein, räche dich Himmel, aber räche dich an mir allein.

Robert. Freund, du vergißt, daß die Prüfungen allein die Tugend groß machen können, daß sie nur
als-

alsdann eine wahre Tugend ist, wenn sie mit eben dieser heitern, dieser gleichgültigen Mine auf ihre grösten Leiden herab sieht mit der sie in ruhigern Tagen auf ihr Glück herab zu sehen gewohnt war. Klagen entehren das Herz eines Sir Willhelms. Männlicher Muth und eine herzhafte Tugend sind es, die er seinem Unglücke entgegen stellen muß. Wird sodann das gröste Unglück unüberwindlich gegen dich seyn können?

Willhelm. Keinen Trost, keine Ermahnung, Freund! Nur um eine einzige mitleidige Zähre bitte ich deine Freundschaft. Ach! du mußt Willhelm selbst seyn, wenn du das recht fühlen willst, was er fühlet. Bilde dir ein, Luciens und meines Sohnes Vater zu seyn. Finde in ihrer Glückseligkeit den einzigen Trost und die einzige Freude eines von tausend Mühseligkeiten geplagten Lebens. Sieh, trotz aller deiner Wünsche und deiner Bemühungen, diese Lucie unglücklich, und sey selbst die unschuldige Ursache ihres Unglücks; sieh dir endlich den letzten Trost selbst geraubt. Sieh diesen Sohn, auf dessen Tugend du stolz warst, seine Pflichten vergessen, und sich einem Verbrechen überlassen, dessen Abscheulichkeit ihm noch selbst fremd ist, und sage mir sodann, wie du dich trösten willst?

Robert. Dadurch, daß ich Stärke genug besitzen würde, ihn zu seiner Pflicht zu zwingen. Schärfe, Willhelm, wird die Leidenschaften einer hitzigen Jugend

gend bald zu bändigen wissen. Noch mehr, Freund! dein Stillschweigen gegen Lucien macht dich wegen ihrer eigenen Verbrechen strafbar. Entdecke ihr das Hinderniß, das diese Verbindung mit deinem Sohne unmöglich macht, und du wirst sodann nicht ein einzigesmal mehr zu seufzen nöthig haben.

Willhelm. Wie kann ich mein eigner Ankläger werden?

Robert. Ein bereutes Verbrechen höret auf ein Verbrechen zu seyn.

Willhelm. Leerer Trost! Kann ich gegen Lucien sagen: „Sehen Sie, Lucie, dieser alte Willhelm, der „ein so eifriger Freund der Tugend zu seyn scheint, „der Ihnen diese Tugend so oft vorprediget, ist ein „Bösewicht. Er hat Sie durch seine Laster unglück„lich gemacht. Sie können ihn in Zukunft nie anse„hen, ohne über ihn zu erröthen, so wie er keinen ein„zigen Blick auf Sie werfen kann, ohne in seinem „Herzen tausend Martern zu fühlen."

Robert. Wähle zwischen zwey Uebeln: Dich auf einen Augenblick zu erniedrigen, oder Lucien unglücklich und zur Verbrecherinn zu machen. Erlaube mir, daß mein Mund dir die Scham, in ihrer Gegenwart zu erröthen, ersparen darf.

Willhelm. Nein, Robert, sie darf das unglückliche Geheimniß aus keinem als meinem eignen Munde erfahren. Sie darf nicht wissen, daß noch eine einzige

leben-

lebende Seele mehr ihre und meine Schande weiß. Sie besitzt Stolz, und ihr Stolz würde ihr ein Recht mehr geben, mich zu verachten. Ich will versuchen, ob ich mein Herz überzeugen kann, daß man sich nie schämen dürfe, ein Laster zu gestehen, das man sich nicht geschämt hat, auszuüben.

Vierter Akt.

Erster Auftritt.
Amalie. Lucie.

Lucie. Ja, Amalie, Betterton ist wirklich großmüthig; aber seine Großmuth erniedriget zugleich Lucien. Ihr Stolz hat mehr als einmal — Sie wissen es selbst — die Qual empfunden, diejenigen großmüthig gegen sich zu sehen, gegen die sie undankbar gewesen ist.

Amalie. Stören Sie doch die Freude Ihrer Amalie, Ihnen zuerst diese gute Nachricht gebracht zu haben, nicht durch Ihren Verdruß. Der arme Betterton! Er hat nie eine würdigere Handlung ausüben können, als daß er durch das Vermächtniß seiner Güter Ihnen noch den Besitz des einzigen Glücks gegeben hat, das Ihnen mangelte. Bedenken Sie, meine Lucie, wie vollkommen glücklich! Einen Ueberfluß an allen den Gütern, welche dem Pöbel nur den Schein und einem edlen Herzen den wahren Besitz einer Glückseligkeit geben! Von dem tugendhaften Sir Willhelm geliebt, und von dem zärtlichen Karl angebetet! Sie allein würde Amalie beneiden, wenn sie wüßte, was Neid wäre; und doch seufzen Sie noch?

Lucie. Ein mit sich unzufriedenes Herz auf dem höchsten Gipfel seiner Glückseligkeit, das da fühlt, daß es dieselbe nicht seiner Würdigkeit zu danken hat, was kann es mehr thun, als seufzen?

Amalie.

Amalie. Verbannen Sie doch endlich diese philosophische Melancholie. Wollen Sie Ihre neue Glückseligkeit nicht Ihrem Liebhaber entdecken? Doch er wird es bereits wissen. Sein getreuer Jakob, der es von der Person gehört hat, die das Testament aufsetzen mußte, wird es ihm eben so geschwind gesagt haben, als er es ihm selbst entdeckt hat. Vielleicht hat er es auch bereits, nebst der Einwilligung in die zärtlichste Liebe, aus dem Munde seines Vaters selbst gehört. Nur die Zärtlichkeit, seinem Sohne die Freude zu gönnen, seiner Geliebten die Großmuth eines würdigen Freundes zu hinterbringen, kann den alten Vater abgehalten haben, daß er es Ihnen nicht schon selbst hinterbracht hat. Aber Amalie ist weniger gütig gegen Ihren Liebhaber gewesen. Sie hat ihre Lucie an ihm gerächt, indem sie ihm eine von seinen Freuden geraubt hat.

Lucie. Bettertons großmüthiges Geschenk ist mir nicht weiter angenehm, als in so weit es mir eine Hoffnung mehr zu Sir Willhelms Einwilligung giebt. Würde er wohl einem Mädchen, dem er alle und jede Nothwendigkeiten des Lebens geschenkt hatte, dessen ganze Glückseligkeit das Werk seiner Hände war, auch noch seinen Sohn geschenkt haben? Doch ach! dieß war nicht das einzige, das ich zu fürchten habe.

Amalie. Nichts haben Sie zu fürchten. Southwells und seines Vaters Zärtlichkeit und Liebe zeigen Ihnen lauter Hoffnung. Aber wissen Sie, meine liebe Freun-

Freundinn, was ich mit der Summe anfangen will, die Ihnen Betterton bey aller seiner Großmuth entzogen und mir vermacht hat?

Lucie. Was kann Amalie weiter damit anfangen, als Handlungen unternehmen, die ihre große Seele zeigen?

Amalie. Schmeichlerinn! hören Sie zur Strafe, was ich thun will. Bey dem ersten Zeugen Ihrer Liebe muß ich Pathe seyn, und ihm will ich sodann dasjenige wieder geben, was ich seiner Mutter schuldig bin.

Lucie. Hüten Sie sich, meine Freundinn. Seyn Sie weniger großmüthig. Lassen Sie Lucien einen Fehler an Ihnen finden. Sie möchte sonst versuchen, ob sie Amalien hassen könnte, um sich zu rächen, daß sie nicht eben so erhaben als sie seyn kann.

Amalie. Nein! Lucie kann mich niemals hassen, sie würde es sonst der Fehler wegen thun, die sie alle Augenblicke an mir wahrnimmt.

Lucie. Lassen Sie uns diesen Wettstreit vergessen; er muß mir jederzeit nachtheilig seyn. Bedauren Sie mich. Mein Herz ist jetzt nicht fähig, etwas mehr als seine Schwachheit, seine Liebe zu empfinden. Es fürchtet thöricht genug, Sir Karln alle Augenblicke zu verlieren. Ich zittre vor seiner Wankelmuth eben so sehr, als vor der Widersetzung seines Vaters gegen unsre Verbindung. Schon drey ganze Stunden ist es, daß ich ihn nicht an meine Brust gedrückt habe.

Amalie. Drey ganze Stunden! welche lange Ewig-

F 2   keit

keit für ein zärtliches Herz wie das Ihrige! Erlauben Sie mir, daß ich ihm den ersten Verweis für seine Nachläßigkeit geben darf. Warten Sie hier, ich will den muthwilligen Verbrecher noch einmal herführen, Sie um Gnade zu bitten. Aber ich beschwöre Sie, Lucie, seyn Sie grausam, recht grausam gegen ihn. Bedenken Sie es unterdessen, wie Sie es möglich machen wollen. (Geht ab.)

Lucie (allein.) Darf ich endlich frey Athem schöpfen? Bin ich von dieser beschwerlichen Freundinn erlöst? Wie hasse ich, wie verabscheue ich sie! So edel, so weit erhaben über mich! und ich so klein, so kriechend gegen sie! Ungerechter Himmel, war es nicht genug, daß du mich durch meine Leiden gestraft hast? Warum quälst du mich noch jetzt durch deine Wohlthaten? Ich verfluche sie, selbst in dem Augenblicke, da mein thörichtes Herz nach ihnen seufzet. Stoß mich wieder in mein erstes Elend zurück. Laß mich wieder von Karl Southwell verlassen, und der Schande und der Verachtung meiner Freunde nahe seyn. Damals besaß ich wenigstens noch den elenden Trost, daß ich jemanden mehr als mich anklagen konnte. Jetzt, da ich alle um mich herum tugendhaft erblicke, habe ich Niemand weiter anzuklagen als mich. Betterton ist großmüthig, Sir Willhelm der gütigste Vater, Karl der zärtlichste Liebhaber, und Amalie die liebenswürdigste Freundinn gegen mich. Und wer ist Lucie gegen sie alle? Das verächtlichste Geschöpf, welches gelebt hat. Eine Elende voll

voll Stolz ohne Ehre, eine Undankbare, eine Heuchlerinn, die sich unter der Maske der Tugend verbergen muß, um nicht der Abscheu ihrer bessern Freunde zu werden. Barbarischer Zwang! Kann ich es ausstehen, andere neben mir tugendhaft zu sehen, ohne es selbst zu seyn? Daß sie doch alle so lasterhaft wären, als ich! Oder daß mein Herz noch dreymal böser wäre, als es wirklich ist; damit es durch seine Laster eine Tugend quälen möchte, die ihm alle Augenblicke Vorwürfe macht! Hoffe Herz, man wird nicht auf einmal der größte Bösewicht, oder man wird es nach und nach. Still! Es kömmt jemand. Zurück, Herz, unter die Maske deiner alten Verstellung. Niemand darf Luciens Häßlichkeit kennen außer sie selbst. Doch nein! es ist Betty. Das Laster erröthet niemals vor seines gleichen.

Zweyter Auftritt.

Lucie. Betty.

Betty. Hier Fräulein, lesen Sie diesen Brief. Er ist von Sir Karln. Vielleicht können Sie noch einmal Ihre Begierde zu seufzen befriedigen.

Lucie. Wie? sind meine Wünsche schon erhört? Grausamer Himmel! Ja ich habe niemals vergeblich geflehet, wenn ich dich um mein Unglück gebeten habe. Karl ist untreu. Ich werde denn, wie ich gewünscht habe, wieder elend seyn. Ich werde jemanden mehr verfluchen können, als mich selbst. Aber wie viel wird es nicht meinem Herzen kosten! Nimm den unseligen Brief zurück. Ich fühle bereits alles. Sein Inhalt kann meinem Grame nichts hinzusetzen.

Betty. Und eben deswegen lesen Sie ihn, oder erlauben Sie mir, daß ich ihn lesen darf.

Lucie. Lies ihn dann. Deine grausame Seele würde eine Freude verlieren, wenn sie mir eine von meinen Qualen verschweigen sollte.

Betty. Urtheilen Sie, ob Sie gerecht sind. (Betty liest) „Die Rache des Himmels verfolget meine Treu„losigkeit gegen Sie. Mein Vater widersetzt sich auf „das heftigste unserer Vermählung. Meine Liebe trium„phiret über meinen Gehorsam. Es ist alles zu einem „Mittel bereit, welches uns auch wider seinen Willen „glücklich machen soll. Begeben Sie sich sogleich auf „dasjenige einsame Zimmer, das so oft der verschwiegne „Zeuge unserer Glückseligkeit gewesen ist. Amalie weiß „von allem nichts. Lassen Sie sich weder von ihr noch „von jemand sonst sehen, wenn es möglich ist. Eilen „Sie. Jede verzögerte Minute kann ein unwieder„bringlicher Verlust seyn für

Ihren

zärtlichsten

Karl Southwell.

Lucie. Sind meine Ahndungen vergeblich gewesen? Sir Wilhelm widersetzet sich unserer Vermählung. Was will aus mir werden? werde ich nicht —

Betty.

Betty. Keine Klagen! Schieben Sie dieselben eine einzige Stunde noch auf. Hernach klagen und weinen Sie sich satt. Eilen Sie, wenn Sie nicht die grausamste Feindinn von sich selbst seyn wollen.

Lucie. Ungestüme Betty, sage mir wenigstens —

Betty. Nichts sage ich Ihnen. — Sind Sie noch hier? Ewige Verzögerung! Mich däucht schon, als ob ich jemand kommen hörte.

Lucie. Herz! zu was für neuen Unruhen wirst du eilen? O mit wie viel Mühe erkaufen wir unsere Laster und die Strafen derselben; da uns oft die strengste Tugend nicht die Hälfte dieser Mühe würde gekostet haben! (Geht ab.)

Betty. Mein Fräulein muß alle ihre Seufzer mit einer Moral beschließen. Dieß ist die Gewohnheit aller der kleinen Seelen, die sich noch nicht von den eingepflanzten Vorurtheilen der Kindheit losgerissen haben. Aber wir großen Geister, die wir über alle diese engen Begriffe weg sind, wir wissen weiser, daß alle Mühe um die Tugend unnütz verschwendet ist, außer diejenige nicht, welche dem Laster durch die äußerliche Mine der Tugend die Freyheit erwirbt, desto sicherer lasterhaft seyn zu können. Doch still, ich höre jemanden. Es ist der Gang unsers alten Herrn. Einen Augenblick eher, wäre er zu der allerunbequemsten Zeit in meinem Leben gekommen. Weg, Betty, mit deiner verwägenen Mine. Zurück unter das Joch der glücklichen Heuchelei, die dir schon so viele erwünschte

Stunden in diesem Hause gegeben hat. Zieh dein Gesicht in seine gewöhnlichen Falten. Er ist da, seufze.

Dritter Auftritt.
Willhelm Southwell. Betty.

Willhelm. Bist du nicht bey deiner Fräulein, Betty?

Betty. Ich habe sie einen Augenblick allein gelassen. Sie schlummert, einige Minuten die Ruhe zu empfinden, die sie schon so lange entbehrt hat.

Willhelm. Laß ihren Schlummer gesegnet seyn, o Gott! Zeig ihr in ihrem Traume die Tugend in aller ihrer liebenswürdigsten Vollkommenheit, und lasse sie nie vergessen, was sie dieser Tugend schuldig ist. Ich hätte gern gewünscht, mit ihr zu sprechen; aber ihr Schlummer ist mir zu heilig, als daß ich ihn stören sollte. Ach Betty, sie hat mir schon in wenig Stunden manchen Seufzer gekostet!

Betty. Die arme Fräulein! Der Himmel weiß es, wie viel heimliche Thränen ich über die Schmerzen geweint habe, die ich sie einige Zeit daher habe aussiehen sehen. Heute nur habe ich erst die unglückliche Ursache derselben erfahren. Wie hat sich doch diese elende Leidenschaft in ihr reines und tugendhaftes Herz einschleichen können? Sah sie nicht das unsträfliche Beyspiel eines Sir Willhelm vor ihren Augen?

Will-

Willhelm. Schilt sie nicht, Betty. Das frömmste, das erfahrenste Herz ist oft an dieser Klippe gescheitert. Wird daher unerfahrne Jugend jederzeit diese gefährliche Klippe vermeiden können?

Betty. Gütigster Sir! Wie sind Sie doch jederzeit, selbst bey den Fehlern Ihres Nächsten, lauter Liebe, lauter verzeihende Nachsicht! Wahrhaftig, dieß heißt groß, göttlich groß seyn! O daß doch Lucie nur eine einzige Freude der Tugend so vollkommen empfinden könnte, als sie das edle Herz eines Sir Willhelm empfinden muß! Würde sie diese einzige Freude für alle Freuden, die ihr die ganze Welt anbieten könnte, vertauschen wollen?

Willhelm. Hoffe, Betty, daß sie noch einmal die Freude, tugendhaft zu seyn, unverfälscht empfinden wird. Das edelste Herz kann sich verirren, aber es wird sogleich wieder auf den rechten Weg zurückkehren, sobald es seine Verirrungen merken wird. Unterstütze ihre wankende Tugend durch deine Lehren und dein Beyspiel.

Betty. Wäre ich werth, in Ihren Diensten zu seyn, wenn ich es nicht thäte? Ist es nicht meine Pflicht? Hundert kleine Listen erfinde ich täglich, ihr die Reizungen der Tugend zu zeigen. Jetzt lese ich ihr etwas aus einem geistlichen, jetzt aus einem moralischen Schriftsteller vor. Bald erzähle ich ihr eine Geschichte, in der sie die Tugend in ihrer erhabensten Glückseligkeit und das Laster in seinem niedrigsten Elende erblicken kann; und 'jederzeit habe ich das Vergnügen, daß sie meine Bemühung mit einem Seufzer für die Tugend vergilt.

Willhelm. Fahre fort, gute Betty, und erwarte die Belohnung des Himmels, der noch keine löbliche Bemühung unvergolten gelassen hat. Wisse, ein irrendes Herz zur Tugend zurückgeführt zu haben, ist mehr Ruhm, als eine Krone auf sein Haupt zu erwerben. Kehre jetzt zu deiner Fräulein zurück; und wenn sie erwacht, so sage ihr, daß ich sie in meinem Zimmer erwarte.

Betty. Aber Sir, Sie werden sie doch mit eben der Liebe, mit eben der Zärtlichkeit erwarten, als sonst. Doch verdienet nicht ihr Fehler von der strengsten Tugend Verzeihung? Wie sollte ihn das gütige Herz eines Sir Wilhelm nicht verzeihen können?

Willhelm. Dein Eifer für Lucien verdienet Lob. Geh! ich sehe meinen Freund kommen.

(Betty geht ab.)

Vierter Auftritt.

Wilhelm Southwell. Robert.

Robert. Nun, Willhelm, hast du den Sieg über deine unnütze Scham und Luciens Herz davon getragen?

Willhelm. Noch nicht. Sie schläft und mein Herz muß noch einige Augenblicke länger vor der Minute er-

erzittern', da es sich selbst in Luciens Gegenwart ver=
dammen soll.

Robert. Deine Verzögerung wird dir noch weit
mehr Seufzer kosten, als alles Vorhergehende.

Willhelm. Grausamer Freund! soll ich den Schlum=
mer eines geängstigten Herzens stören, das ohnedieß
kaum mehr weiß, was Ruhe ist?

Fünfter Auftritt.
Die Vorigen. Amalie.

Amalie. Ach Sir Willhelm, welche Grausamkeit!
Hätte ich sie wohl in einem Herzen wie das Ihrige
denken können? Der arme Karl! die unglückliche Lu=
cie! Wissen Sie bereits, wozu ihn Ihre Grausamkeit
getrieben hat? Ich habe es diesen Augenblick erst durch
seinen Bedienten erfahren. Er ist Ihre und Luciens
Gegenwart geflohen, um in der Entfernung zu versu=
chen, ob er sein Herz gegen den besten Vater Gehor=
sam lehren kann. Ja! können Sie wohl wünschen,
daß er Ihnen gehorsam seyn möge, wenn Sie Lucien
jemals aufrichtig geliebt haben. Betty hat mir gesagt,
daß sie schläft. Wie schrecklich müssen ihre Träume
seyn, wenn sie Ahndungen ihres Unglücks empfindet!
Wie soll ich ihr ihr neues Unglück entdecken, ohne sie
zu tödten?

Willhelm. Wiederholen Sie mir es noch einmal,
meine liebe Amalie. Karl hat sich entfernt, seinem
Her=

Herzen Gehorsam gegen seinen Vater zu lehren, sagen Sie? Ist es gewiß? täuschen Sie mich nicht.

Amalie. O müßt ich doch nicht wünschen, daß es falsch wäre! Was für einen rührenden Wettstreit zwischen einer verzweifelnden Liebe und der kindlichen Pflicht muß nicht sein Herz fühlen! Er muß sich seinem Vater aufopfern, ließ er mir sagen.

Willhelm. Ja Robert, noch spricht eine schwache Stimme der Pflicht in seiner Seele; Er muß sich mir aufopfern! Wie viel wird sein Herz leiden müssen!

Amalie. Wie viel wird er nicht leiden müssen, seufzen Sie? Wer war es, der ihm diese Leiden verursachte? Wird Lucie weniger leiden?

Willhelm. Wünschen Sie mit mir zur Beruhigung eines unglücklichen Vaters, daß seine Pflicht über seine Leidenschaft triumphiren möge.

Amalie. Nein, meine Seele hat noch nie einen ungerechten Wunsch gethan! Lassen Sie mich wünschen, daß ich den würdigsten Vater sich und seinen Sohn möge glücklich machen sehen.

Willhelm. Sie wissen nicht, was Sie wünschen; Sie würden sonst weniger ungerecht seyn. Suchen Sie mit mir meinen Sohn und Ihre Freundinn von dieser Krankheit zu heilen, wenn Sie Ihrer Tugend Ehre machen wollen. Ehe ich in eine Verbindung meines Sohns mit Lucien willige, eher wünsche ich das ärgste, was ich fürchten kann, daß sie sich beide unversöhnlich hassen mögen.

Amalie.

Amalie. Amalie soll vergessen, daß sie diesen Wunsch aus dem Munde des Sir Willhelm gehört hat!

Robert. Genug, meine Tochter! Niemand als du hat weiter Rechte auf Karls Herz.

Amalie. Ich? Rechte auf sein Herz? Nein, mein Vater! ich habe Ihnen bereits gesagt, warum ich keine haben kann. Sollten Sie mir solche aufzwingen wollen? Nimmermehr! Sie haben noch nie gewünscht Ihre Tochter unglücklich zu sehen, und sie würde es gewiß seyn, selbst in dem Besitze der größten Glückseligkeit, wenn sie dieselbe durch die Thränen ihres Nächsten, ja sogar ihrer Freundinn erkaufen müßte. Sir Willhelm, Karl und Sie selbst, mein Vater, würden die niedriggesinnte Amalie verachten müssen, wenn sie sich dieser Rechte anmaßen könnte.

Willhelm. Daß ich doch nur noch leben möchte, meinen Sohn in den Armen einer Gemahlinn nur mit halb so viel Verdiensten, als die Ihrigen, glücklich zu sehen!

Amalie. Geben Sie ihm eine Gemahlinn mit noch doppelt so viel Verdiensten, als Ihrem gütigen Auge an mir zu finden beliebt; geben Sie ihm Lucien. Ich würde bey einer jeden weniger edelen Seele, als die Ihrige, noch den Bewegungsgrund gebrauchen, daß es nicht mehr die von allen Glücksgütern völlig entblößte Lucie ist, für die ich bitte. Bettertons großmüthiges Vermächtniß kann bey dem Sir Willhelm allein keinen Eindruck machen.

Will-

Willhelm. Lucie mit einem Herzen voll Tugend, und alles des übrigen, das die Welt Glück nennet, beraubt, würde von mir einer Prinzeßinn vorgezogen werden: so wie ich sie, ohne diese Tugend, selbst mit einer Krone verachten würde. Wäre dieß das einzige Hinderniß, wer alle, die wir hier glücklich zu seyn seufzen, wären es.

Amalie. Ich kenne das wichtigste Hinderniß, das noch übrig ist. Es ist die Geburt meiner unglücklichen Freundinn. Ihre Aeltern konnten so grausam seyn, sie wegzusetzen. Entweder die Schande, oder ein allzuniedriger Stand erlauben also die Verbindung mit Ihrer Familie nicht. Was kann in dem erstern Falle Lucie für die Verbrechen ihrer Aeltern? Verdienet sie unglücklich zu seyn, weil diese Aeltern lasterhaft waren? Ein niedriger Stand kann Sie von dieser Verbindung nicht abhalten, wenn Sie nicht selbst ein Verbrechen begehen wollen. Warum entrissen Sie dieselbe ihrer Niedrigkeit? Warum gaben Sie ihr eine Auferziehung, die ihr Herz nach einem Glücke zu seufzen anreizte, das sie sich sonst niemals zu hoffen erkühnt haben würde? Ach! sehen Sie Lucien und Ihren Sohn; Verzweiflung und Zärtlichkeit auf ihren Gesichtern. Können Sie Beide ohne Thränen sehen? Amalie kann es nicht; sie soll sie in der Stille ausweinen.

(Sie geht ab.)

Sechster Auftritt.

Sir Wilhelm.   Sir Robert.   Sir Karl
und Lucie.

Willhelm (zu Robert.) Unterstütze mich, wenn meine Seele nicht unter ihren Leiden erliegen soll.

Lucie, (die sich zu Sir Willhelms Füßen werfen will, der sie aber zurückhält.) Sehen Sie eine Verbrecherinn zu Ihren Füßen, die unter der Furcht der grausamsten Ihrer Strafen und der Hoffnung Ihres Mitleidens zittert. Aber verdient eine Undankbare, eine Heuchlerinn einen einzigen Blick Ihres Mitleidens? Ist es etwa noch die Lucie, die blos durch den Mangel unglücklich war, wenn sie anders bey dem Ueberflusse ihrer Unschuld unglücklich seyn konnte? Es ist eine Unwürdige, die nie von einer Tugend, wie die Ihrige, geliebt zu werden verdiente; die ihr Herz einer unglücklichen Leidenschaft preisgegeben hat; die sich selbst noch mehr durch das Geständniß dieser Leidenschaft erniedriget; und die ihre Verbrechen dadurch noch vermehrt, daß sie den gütigsten, den tugendhaftesten Mann als den Urheber ihrer Verbrechen anklagt. Warum empfanden Sie doch einen einzigen Trieb des Mitleids und der Menschenliebe gegen mich? Warum waren Sie nicht eben so grausam als meine barbarischen Aeltern, und ließen mich in dem Mangel umkommen, in dem Sie mich fanden? Ohne Ihre Liebe wäre ich glücklich gewesen, da ich jetzt durch dieselbe unglücklich geworden bin —

Karl. Und Ihr Sohn wird ewig ohne den Besitz seiner Lucie eben so unglücklich seyn. Können Sie die Natur selbst verläugnen? Sollen — vergeben Sie, meine Seele selbst zittert vor dem Gedanken — sollen Lucie und Ihr Sohn die einzigen seyn, die den Mann versuchen müssen, den alle übrige Menschen segnen? Ach! mein Vater, wo ist die Wehmut hin, welche Ihr Auge verrieth, wenn Sie ehedessen Ihren damals noch glücklichen Sohn und Ihre Lucie in Ihre Arme schloßen, und den Himmel baten, sie glücklich zu machen? Können diese Bitten Ihr Ernst gewesen seyn? und sind gleichwohl einem Herzen voll Liebe andere möglich gewesen?

Robert (sachte zu Sir Willhelm.) Willhelm, dieß ist der entscheidende Augenblick. Du weißt, was du zu thun hast.

Lucie. Ich lese die Bekümmerniß, die ich Ihnen verursache, und den Zorn, den ich verdiene, in Ihrem Stillschweigen. Rächen Sie sich und geben Sie mich dem Elende wieder, dem Sie mich entrissen haben. Senden Sie mich zu dem unnatürlichen Vater zurück, der mich verließ. Ich will dadurch, daß ich ihn durch meine Gegenwart quäle, an ihm die Seufzer rächen, die ich in Ihrer Person der Tugend selbst gekostet habe. Schmerz ist der Dank, den ich Ihnen für Ihre Wohlthaten zurückgeben muß. Ich ward von der Natur ver=

verdammt, die Qual meiner Nebenmenschen zu seyn. Es war nicht genug, daß ich es für diejenigen war, die mich gebaren; ich mußte es auch Ihnen werden. Ungütige Natur, warum ward ich von dir durch ein Leben bestraft, um das ich dich nie gebeten habe?

Willhelm. Lucie! Lucie! Dieser Seufzer ist der erste von Ihnen, der meinen Zorn verdiente. Nur der ausschweifenden Hitze kann das gegen Sie zärtlich gesinnteste Herz denselben verzeihen. Fürchten Sie, daß der Himmel ihn vielleicht schwerer verzeihen möchte. Ach, könnte ich Sie glücklich machen! Mein Blut —

Robert. Vergebliche Umschweife! Lucie, Ihre Geburt ⁌⁌⁌

Willhelm. (sachte zu Sir Robert) Willst du alles vergessen, was du der Scham und Behutsamkeit schuldig bist?

Lucie. Nein! Sir Robert, reden Sie fort. Sie sind weder der Scham noch der Behutsamkeit Etwas schuldig. Ja ich weiß, meine Geburt ist das unglückliche, das rechtmäßige Hinderniß. Ich bin sie unehlbar einem Verbrechen schuldig, welches eine durch ihre Leidenschaften unglückliche Person mehr in die Welt gesetzt hat. Wie konnte sich Stolz und Unsinn in Lucien so weit vergessen, daß sich dieß Herz, das ewig unter einer unverdienten Schande zu seufzen bestimmt war, so vieler Hoffnung erkühnen durfte? Aber gleichwohl ist diese Geburt das einzige, was mir diese Hoffnung raubet. Sie kennen alle meine Gebrechen, meinen Stolz,

G   meine

meine Hitze, Sir Willhelm. Wie oft empört sich dieß Herz wider seine heiligste Pflicht! Wie oft will es diesen Vater einen Bösewicht nennen, der die Ursache ist, daß ich unglücklich bin! wie oft will es diese Mutter wegen ihres Verbrechens anklagen! Verdienen diese Aeltern nicht blos die Rache des Himmels wegen der Schmerzen, die sie Ihnen durch mich gemacht haben? Doch ich weiß, Sie sind großmüthig; Ihr Beyspiel selbst wird mich lehren, den Himmel anzuflehen, daß er denselben die Strafen dieser Rache, die sie verdienen, schenken möge.

Robert. (zu Sir Willhelm.) Deine Verzögerung verdienet alle die Qual, die ich dich empfinden sehe.

Willhelm. Könnten Sie mein Herz sehen, Lucie! Sie würden mich mehr bedauern, als Sie Mitleiden von mir verlangen. Fodern Sie alles von mir, nur meinen Sohn nicht. Nie kann ich Ihnen meine Einwilligung zu einer Vermählung mit ihm geben. Man lasse mich allein mit Ihnen, und Sie sollen mein ganzes Herz sehen. Du aber, Karl, höre den letzten Befehl eines gütigen Vaters. Nimmermehr sollst du Lucien als deine Gemahlinn umarmen dürfen.

Karl. Und weder Sie, noch der Himmel selbst sollen sie aus meinen Armen reißen.

Willhelm, (der sie mit Gewalt aus den Armen seines Sohns nimmt.) Zittere, Bösewicht, daß die Rache ihren Donner bereits wider dich aufgehaben hat.

Karl. Ungerechter Vater, wollen Sie mir meine

Ge-

Gemahlinn rauben? Wissen Sie, daß ich dasjenige nunmehr durch die Gerechtigkeit von Ihnen erzwingen will, was ich durch Liebe vergeblich von Ihnen zu erhalten gesucht habe. Ich bin diesen Augenblick mit ihr vermählt. List und Liebe haben alle Ihre Grausamkeiten hintergangen. Wir haben die wenigen Augenblicke genutzt, die uns Ihre Nachläßigkeit erlaubt hat. Rauben Sie mir noch Lucien, wenn Sie können. Ich bereue nichts, als das unnütze Vertrauen, das ich zu Ihrer Gütigkeit gehabt habe, daß Sie der Liebe einen Fehltritt verzeihen würden. Nein, meine Lucie! hier ist kein Mitleiden zu hoffen. Kommen Sie, meine liebe Gemahlinn — Süßer Name! — kommen Sie, lassen Sie uns einen grausamen Vater fliehen, und in der einsamen Glückseligkeit der Liebe seine Drohungen vergessen. (Er will sie wegführen.)

Willhelm. Wohin, Bösewicht? Geh allein aus meinem Gesichte, so weit dich die Rache des Himmels gehen läßt, und nimm den Ruhm mit dir, daß du der Mörder deines Vaters geworden bist. Bleiben Sie hier, Lucie, wenn Sie nicht noch alle Empfindungen der Tugend verloren haben. Mit dem Blute seines Vaters muß er Ihren Besitz erkaufen.

Karl. Erinnern Sie sich an die Gelübde, meine Gemahlinn, die Sie mir diesen Augenblick in dem Angesichte des Himmels gethan haben, und folgen Sie mir.

Willhelm. Wünsche, daß sie der Himmel nicht gehört

hört haben möge. — Erinnern Sie sich an die Pflichten, die Sie meinen Wohlthaten schuldig sind.

Lucie. Ich verfluche Ihre Wohlthaten, ich verfluche mich selbst. Gehen Sie, gehen Sie, Karl, daß ich nicht noch mehr Lästerungen ausstoßen muß.

Karl. Meine verdammte Leichtgläubigkeit! Warum hofte ich doch von Ihnen Vergebung zu erhalten? Hätte ich mich mit meiner Gemahlinn gleich in Sicherheit begeben, ich würde nunmehr, ohne den Himmel zu beleidigen, über den unbilligen Zorn eines Vaters lachen können. — Doch, Sie sollen mir Lucien nicht länger mehr zurückhalten. Ich will sie besitzen, und wenn ich mir ihren Besitz durch meiner Seelen Seligkeit erkaufen soll. (Geht vor Wuth ab.)

Willhelm. Robert, eile ihm nach, und versuche, ob noch ein Mittel übrig ist, den Verlornen aus dem Abgrunde zu retten, in den er sich stürzen will. Ich will hier indessen Lucien zu beruhigen suchen.

Siebenter Auftritt.
Sir Wilhelm. Lucie.

Willhelm. (vor sich.) Gott! der schrekliche Augenblick nahet heran, da ich mich selbst als ein Verbrecher wegen eines Lasters anklagen soll, das ich an Lucien strafen will. (Zu Lucien.) Die Umstände, in denen ich Sie und mich sehe, dringen mir ein Geheimniß ab,

das

das ich sonst noch lange in meiner Brust würde verborgen haben.

Lucie. Behalten Sie es, was es auch für eines sey. Meine Seele ist jetzt nicht fähig es anzuhören.

Willhelm. Sie müssen es — Mein thörichtes Herz! welche Bewegungen! — Sie wissen, ich habe Sie geliebt. — Ach, Lucie! könnten Sie doch in meiner Seele lesen, ohne daß ich reden dürfte!

Lucie. Ja, ich weiß, Sie haben mich geliebt, so lange ich es verdiente geliebt zu werden.

Willhelm. Ich bin strafbarer als Sie — Der Tod meiner Frau —

Lucie. Breitete die erste finstere Wolke über Ihr heiteres Gesicht aus. Es war um diesen unglücklichen Zeitpunkt herum, da Sie sich einer gewissen verlassenen Kreatur erbarmeten, und sie von der Frau Norris zu sich nahmen.

Willhelm. Sie verstehen mich nicht. Ich muß — ich muß Ihnen sagen — Diese Aeltern, die Sie —

Lucie. Nichts von diesen Aeltern, wenn ich bitten darf, Sir! Mein umher getriebenes Herz ist in diesem schwarzen Augenblicke lauter Wuth. Ich muß diese Aeltern in ihm verabscheuen, so sehr ich mich selbst dafür strafe. Ich bin ihnen nichts als meine Leiden, meine Verzweiflung schuldig. Lassen Sie mich in Ihren Augen nicht noch abscheulicher werden, als ich schon bin. Müssen Sie mich nicht schon genug hassen, daß ich Ihnen Ihren Sohn geraubt habe?

Willhelm. Ich sollte Sie hassen? Meine ganze Seele ist Liebe für Sie. Was für ein quälender Gedanke für mich, wenn Sie meine Liebe mit Haß belohnen sollten? Würden Sie nicht Ihren Vater hassen?

Lucie. Nein, mein Vater! erlauben Sie mir einmal diesen Namen, ich habe einiges Recht dazu. Lucie muß Ihnen leider für Ihre Wohlthaten Undank, aber keinen Haß zurückgeben. Der Vater meines Gemahls —

Willhelm. Vergessen Sie diesen unwürdigen Gemahl. Es wird noch ein edleres Herz seyn, das Sie glücklich machen kann. — Warum sind doch meine Umarmungen, meine Küsse, selbst meine Seufzer und mein zitterndes Herz zu schwach, Ihnen zu entdecken, was ich empfinde — Ein — Unselige Betty! welcher böse Engel hat dich in dem unglücklichsten Augenblicke hergesandt?

Achter Auftritt.
Die Vorigen. Betty.

Betty. Ach Sir! Man hat diesen Augenblick in dem großen Garten einen Schuß gehört, und vor wenigen Minuten hat Heinrich Ihren Sohn wüthend mit einem Pistol in der Hand in den Garten gehen sehen. Sir Robert hat sich mit Zittern nach der Gegend des Schusses begeben, und er weiß nicht, ob er Sie soll bitten lassen ihm nachzufolgen.

Will=

Willhelm. Unglücklicher Vater, der den Tod seines Sohnes fast als eine Glückseligkeit wünschen muß. Betty, hilf Lucien! (Geht ab.)

Betty. Fräulein, Fräulein, werden Sie keine Märtyrinn der Liebe. Sir Karl lebt; er wird den Augenblick bey Ihnen seyn. Vergeben Sie mir, daß ich Sie nothwendig habe erschrecken müssen.

Lucie. Misgönnst du mir noch das Glück zu sterben, ohne von dir gequält zu werden?

Betty. Ist dieß alle die Belohnung meiner Dienste? Hören Sie doch. Sein Selbstmord war das herrlichste Werk meines eigenen Witzes. Ich hatte schon voraus im Nothfall, wenn der alte Herr nicht einwilligen wollte, ein neues Mittel erfunden, auch ohne seine Einwilligung Ihr Glück zu befördern. Karl hat sein Pistol so wenig tödtlich für sich losgeschossen, daß er Sie gleich selbst abholen wird. Es war das bequemste Mittel, den Sir Robert, seinen Vater und alle Bedienten vom Hause, zu entfernen und Sir Karls Flucht mit Ihnen zu befördern. Sein getreuer Heinrich hält schon Pferde an einem verborgenen Orte bereit. Die hereingebrochene Dunkelheit wird Ihrer Flucht günstig seyn. Sehen Sie Sir Karln, Fräulein!

Neunter Auftritt.

Die Vorigen. Sir Karl.

Karl. Kommen Sie geschwind, liebste meiner Seelen. Glückseligster Augenblick! Er wird Sie dem zärtlichsten Gemahl in die Arme liefern.

Lucie. Sind Sie es wirklich? Sie, den ich nach so vielen Gefahren in meinen Armen halte? Meine Füße zittern unter den Bewegungen des Herzens. Unterstützen Sie mich, lieber Southwell.

Betty. Weniger Liebe und mehr Muth, Fräulein. Es sind die kostbarsten Minuten Ihres Lebens.

Karl. Und bald die glücklichsten. (Sie wollen sie hinweg führen.)

Zehnter Auftritt.

Die Vorigen. Willhelm.

Willhelm, (der ihnen begegnet.) Halt, Bösewicht!

Karl. Himmel! war kein Donner mehr übrig, ihn oder mich vor dem unglücklichen Augenblicke zu zerschmettern?

Willhelm. Ich weiß alle deine verdammten Anschläge. Die Gnade des Himmels hat mich deinen gottlosen Heinrich finden lassen. Er hat alles gestehen müssen, und erwartet seine Strafe. Verlaß sie, wenn mein Herz noch einen Augenblick Liebe für dich fühlen soll.

Karl.

Karl. Behalten Sie diese Liebe. Der Haß eines grausamen Vaters ist Ruhm für mich. Besitze ich nicht die heiligsten Rechte? und ich will diese Rechte wider Sie und alle Welt und Gott selbst behaupten.

Willhelm. Diese elenden Rechte sollen bald aufgehoben seyn. — Und Sie selbst, Lucie, umarmen ihn noch? Wo ist Ihre Tugend?

Lucie. Ich mag diese Tugend nicht, Sir. Ich wünsche lieber mit Ihrem Sohne lasterhaft, als mit seinem Vater tugendhaft zu seyn. Wer weiß, ungerechter Vater, ob Sie selbst mehr als das äußerliche Blendwerk dieser Tugend kennen? Würden Sie mir sonst meinen Gemahl rauben wollen? (Zu Sir Karln.) Nein! mein lieber Karl, unsere Seelen solln einander lieben, und wenn uns die ganze Welt deswegen hassen sollte. (Sie umarmen und küssen einander.)

Willhelm. Gott! du siehst es, ohne sie und mich selbst zu vertilgen? Verwegene! Euer Vater wird euch Gehorsam zu lehren wissen. Jakob, Friedrich, vollzieht meine Befehle. (Indem Sir Wilhelm Lucien aus seines Sohnes Armen reißt, und die Bedienten auf das Theater treten, werden noch folgende Worte gesprochen:)

Lucie. Gewalt, Sir Karl! retten Sie Ihre Gemahlinn.

Karl. (der auf Wilhelm zuläuft.) Zittern Sie vor einer beleidigten und rasenden Liebe — (Die Bedienten bemächtigen sich seiner.) Elende, dürft ihr —

(Sie führen ihn mit Gewalt ab.)

Willhelm. Eine geschwinde Reise auf einige Jahre zu meinem Bruder nach Amerika, soll dieses Feuer schon auslöschen. Ich gehe sogleich Anstalten hierzu zu treffen, und Sie, Lucie, sollen mir alsdann danken, daß ich Sie wider Ihren Willen glücklich gemacht habe; und du Betty wisse, daß ich der Heucheley weit weniger verzeihe, als jedem andern Laster. (Geht ab.)

Lucie. Hören Sie, barbarischer Southwell, vollenden Sie Ihre Grausamkeiten — Doch geh nur, meine Rache soll dich ereilen. Betty, was für Stürme von Abwechselungen hat mein Herz in wenigen Minuten ausgestanden. Schmerz, Hoffnung, Freude, Erniedrigung und Verzweiflung haben es alle seine Martern fühlen lassen. Wie ist es doch noch zu empfinden fähig! Sieh es jetzt unglücklicher als jemals.

Betty. Fürchten Sie nichts, es soll, es muß glücklich werden. Das Glück der Betty selbst verlangt es; Sir Willhelm hat meine Verstellung entdeckt, und ich weiß, ich werde wider seinen Zorn keinen Schutz als in Ihrer vollzogenen Verbindung mit seinem Sohne finden.

Lucie. Keine Hoffnung! Sie ist völlig todt in meiner Seele. Ich habe bereits das Herz des Barbaren von seiner empfindlichsten Seite, durch die Thränen und die Bitten einer reuigen Tugend, zu rühren gesucht; und doch blieb es ein Fels für mich. Meiner Seele schauert vor gewissen Ahndungen. Seine Hartnäckigkeit ist unüberwindlich, wenn sie richtig sind. Die Unterterredung, die ich vor deiner Ankunft mit ihm gehabt habe, hat sie in mein Herz eingepflanzt. Urtheile selbst. Dieser Southwell, dem sonst seine Tugend bey allen Umständen die Mine eines gesetzten Mannes zu geben wußte, war lauter Verwirrung. Sein Gesicht glühete von einer erröthenden Scham, die ein ihm unanständiges Geheimniß zu verrathen schien. Seine Reden lauter Dunkelheit, unzusammenhängend, stockend und von Seufzern unterbrochen. Er umarmte mich, seine Küsse waren voll von einem gewissen Feuer, sein Herz klopfte, und jedes seiner Glieder zitterte. Er sprach mit einer Art von Enthusiasterey von seiner Liebe gegen mich. Er versprach mir einen würdigern Liebhaber als Karln. Deine Ankunft unterbrach ihn. Wie soll meine Seele alle diese Räthsel auflösen? Sollte Thorheit und Laster über sein Alter triumphirt haben? Sollte seine Liebe gegen mich mit seines Sohnes Liebe aus einerley Quelle fließen? Sollte mich seine Hartnäckigkeit seinem Sohne blos deswegen versagen, weil sie mich zu einem Opfer für sich selbst bestimmt hat? Aber würde er nicht sodann ein Bösewicht seyn? und seine Tugend — Doch was Tugend? Ist sie mehr als ein leerer Name, auch dann, wenn sie in ihrem größten Glanze schimmert? Bewies es nicht Lucie bey allem ihrem Stolze selbst, und sollte der elende Southwell weniger fähig seyn, es zu beweisen?

Betty. Der alte Southwell? in Sie verliebt? Wirklich, Fräulein, ich würde lachen müssen, wenn

unsere

unsere Umstände weniger gefährlich wären. Aber sie sind die gefährlichsten. Wenige Stunden können Ihnen Sir Karln auf ewig rauben.

Lucie. Haben sie mir ihn nicht schon geraubt? Ja, mein Unglück ist vollkommen. Nur der Tod kann mich von ihm befreyen, und ich verwünsche meine Zagheit, die ihn verzögert. Bald wird mich die Schande der Verachtung der Welt preisgeben, mich, die ich sonst alle Welt außer mir zu verachten pflegte. Ach, wie grausam rächet diese Schande die flüchtigen Minuten einer durch Laster erkauften Glückseligkeit an mir! Ungerechter Himmel! warum quälst du mich allein? War Betty wen ger strafbar als ich?

Betty. Vergessen Sie Ihre alte Gewohnheit zu seufzen nicht. Wissen Sie wohl, daß diese Betty, die Sie anklagen, einen neuen Anschlag zu Ihrer Glückseligkeit erfunden hat? Sir Karl ist noch einmal der Ihrige, wenn Sie Muth genug haben, ihn zu erwarten.

Lucie. Ich, Muth genug? unfehlbar zu einem neuen und größern Laster? Denn Betty kann zu nichts weiter Muth von mir verlangen.

Betty. Nennen Sie es lieber den einzigen Weg zu Ihrer Glückseligkeit. Vergessen Sie diese Blicke voll Erbitterung gegen Sir Wilhelm. Suchen Sie sich durch eine verstellte Liebe und Gelassenheit noch einmal seine Zärtlichkeit zu erwerben. Sir Willhelm ist alt. Die Welt kann ihn entbehren, und er wird sich sodann Ihrer Verbindung mit seinem Sohne nicht mehr widersetzen können. Verstehen Sie mich, Fräulein?

Lucie.

Lucie. Ich verstehe dich Ungeheuer, und ich sehe, daß der Teufel selbst in deiner Seele wohnen muß, der sich wie du freut, den elenden Menschen von einem verfluchten Verbrechen zu einem noch verfluchtern fortzureißen. War es zu wenig Ruhm für dich, mich durch deine Künste als eine ehrlose weggeworfene Kreatur zu sehen? Mußtest du mich noch als eine Mörderinn sehen wollen?

Betty. Wollten Sie es nicht diesen Augenblick an sich selbst, und ich weiß nicht, an wem noch mehr seyn? Leben Sie wohl! Seufzen Sie mit Ihrem guten Sir Willhelm. Lieben Sie ihn sogar, wenn es Ihnen gefällt. Betty hat alles für Sie gethan, was sie hat thun können. Sie muß nunmehr für ihre eigene Sicherheit sorgen.

Lucie. Bleib, Betty, bleib. Vergiß meine Hitze. Ich bildete mir ein, noch die ehemals mit Recht stolze Lucie zu seyn. Nein, ich bin die lasterhafte Lucie, und was ists, ob ich es in einem Grade mehr oder weniger bin? Ich soll Karln besitzen? und welch Laster kann für meinen Stolz zu groß seyn, ihn zu erlangen? Ja, der alte Southwell soll sterben! Stirbt er als ein Bösewicht, so ist mir die Welt Dank schuldig, daß ich sie von einem Heuchler befreye. Stirbt er tugendhaft, wohl, so will ich mich durch den Tod eines Tugendhaften an dieser verhaßten Tugend und an dem Himmel selbst rächen. Aber was für neue Martern werden auf mein Herz in dem Besitze einer Glückseligkeit warten,

warten, die ich dem abscheulichsten Verbrechen schuldig bin? Thörinn! ruhig, glückselig wird dieß Herz seyn. Dann nur werde ich die Heiterkeit der größten Bösewichte, die ich jetzt so oft an ihnen beneide, besitzen, wann ich ihnen gleich geworden bin. Komm Betty, lehre mich lasterhaft und mitten im Laster ruhig wie du seyn.

Ende des vierten Akts.

Fünfter Akt.
Erster Auftritt.
Lucie. Betty.

Betty. Nunmehr da alles bereit ist, da Sie in einem Augenblicke so glücklich seyn können, als Sie es wünschen, fangen Sie Ihre ewige Klagen von einer verlornen Tugend und ich weiß nicht, von was für Grillen mehr von neuem an. Glauben Sie mir, ich bin müde, sie anzuhören.

Lucie. Klage nicht mich, klage die grausame Natur an, daß sie, selbst mich noch mehr zu quälen, mir ein weniger unempfindliches Herz gegeben hat. Bedenke, es ist der Southwell, der mir so oft in seinen Armen eine fast väterliche Zärtlichkeit und Liebe hat sehen lassen, der alle Tage auf eine neue Freude und Wohlthat für mich sann —

Betty. Ja, es ist der Southwell, der Sie mit dieser väterlichen Zärtlichkeit und Liebe in seine Arme schloß, weil er seine zukünftige Gemahlinn zu umarmen glaubte. Der Southwell ist es, der Ihnen vielleicht blos Wohlthaten erwieß, um den Ruhm zu besitzen, sie erwiesen zu haben; der bey aller Ihrer Freude mit einem gewissen Stolze auf Sie herabsah, daß Sie seiner Wohlthaten nöthig hatten; der Ihnen eben so wie die übrige Welt mit eben so viel Verachtung, als er Ihnen vorher Zärtlichkeit erwieß, begegnen wird, wenn Sie Ihre Schande nicht länger werden verbergen können.

Lucie.

Lucie. Fahre fort, alle Wuth meiner Rache rege zu machen, und ich, ich werde fähig seyn, ihm nicht nur das Gift selbst zu überreichen, sondern auch mit einer geheimen Wollust alle die kleinen Martern zu bemerken, mit denen er den Tod fühlen wird. Ist er nicht die Ursache meines Unglücks, und habe ich ihn nicht schon zu lange ungestraft leben lassen?

Betty. Diese Stunde ist die einzige, in der Sie noch zwischen der Schande und der Glückseligkeit wählen können. Jetzt ist Ihr Liebhaber noch in England, und der Tod seines Vaters wird ihn in wenig Augenblicken wieder zu Ihnen zurückbringen. Selbst nur heute noch kann Ihnen Betty nützlich seyn. Sie wissen, der alte Southwell hat mich hart genug aus seinen Diensten gejagt, weil ich Ihr Glück dem meinigen vorgezogen habe. Ich werde alle meine List nöthig haben, mich noch heute in seinem Hause aufzuhalten. Lassen Sie diesen Tag vorbeystreichen, so werden Sie keine einzige Seele mehr zur Gesellschafterinn bey Ihren Klagen haben.

Lucie. Nein! das Opfer soll keinen Augenblick länger aufgeschoben werden! Du aber o Rache, laß mich nicht mehr die ehemalige Zärtlichkeit, laß mich Stolz, laß mich Verachtung in seinem Auge lesen, damit sich mein Herz nie an sein thörichtes Mitleiden erinnern möge. Wer empfindet dieß Mitleiden gegen Lucien, und wer verdient es also, daß sie es gegen ihn fühlet? Aber ich zittere, Betty! wie, wenn die Welt mein neues Verbrechen —

Betty.

Betty. Fürchten Sie doch nichts! Ist das möglich, daß sie Etwas davon erfahren kann?

Lucie. Sir Willhelm kömmt! Ich kann unmöglich seine Gegenwart aussehen. Alle Standhaftigkeit meiner Rache wankt! Befestige sie noch einige Augenblicke, du bist die einzige, die es thun kann.

Zweyter Auftritt.
Sir Willhelm.   Sir Robert.

Willhelm. War das nicht Lucie? Sie flieht mich unfehlbar aus Haß. Nichts fehlte noch, als dieser Haß und die Verachtung meines eignen Sohnes, mein Unglück vollkommen zu machen. Und diese letztere, Robert, habe ich leider deiner voreiligen Freundschaft zu danken.

Robert. Gewiß! du tadelst mich unbillig. Ich habe dadurch, daß ich deinem Sohne noch vor seiner Abreise die Ursache entdeckt, welche seine Verbindung mit Lucien unmöglich macht, das einzige Mittel gewählt, ihn vom Untergange zu retten. Mit was für Wuth und Haß gegen seinen Vater würde er abgereist seyn, da er nunmehr diesen Haß, diesen Abscheu gegen sich wenden muß. Ich bin nur unwillig auf dich, daß deine unzeitige Dazwischenkunft und Eilfertigkeit mir die Gelegenheit geraubt hat, ihm noch alle Umstände der Sache zu entdecken.

H   Will-

Willhelm. Aber hast du mich nicht auch zugleich durch die Entdeckung dieses Geheimnisses, das ich so sorgfältig zu verbergen gesucht habe, in den Augen meines eignen Sohnes verdächtlich gemacht? Wie würde ich in seiner Gegenwart die Mine eines Vaters annehmen können? Ist es nicht noch die einzige Glückseligkeit für mich, die ich ihn vielleicht sobald nicht wieder sehen werde? Konntest du dich nicht erinnern, was für ein elendes Geschöpf ein Vater ist, dessen Verbrechen seinen eigenen Kindern bewußt sind?

Robert. Aber Wilhelm, diese gefährliche Krankheit erfoderte ein eben so gefährliches Gegenmittel. Folge mir, und entdecke die Unmöglichkeit dieser Verbindung Lucien eben so, wie ich sie deinem Sohne entdeckt habe. Kannst du so grausam seyn und ihr den einen Gegenstand ihrer Liebe rauben, ohne ihr einen andern wieder zu geben, den sie noch zärtlicher lieben würde?

Willhelm. Schilt mich nicht grausam. Es ist die blutigste Rache gegen mich, daß ich sie seufzen lassen muß. Doch nimmermehr kann ich mich in ihrer Gegenwart selbst verdammen. Nein! Karls Abwesenheit, der Rest ihrer eigenen Tugend, meine verdoppelte Sorgfalt, und mehr als alles die Hülfe des Himmels werden mir vielleicht, auch ohne die Entdeckung meiner Schande, das Vergnügen schenken, Lucien zu ihrer ersten Tugend wieder zurückkehren zu sehen. Hat sich nicht schon diese Wuth, dieser wilde Haß aus ihrem Auge verloren? Meine Liebe soll ihre noch zurückhal-

tende

tende Zärtlichkeit für mich bald wieder in ihre ehemalige offenherzige verwandeln. Ich will sie durch neue Gütigkeiten gewinnen. Mein Testament, das ich dir gegeben habe, soll der Anfang hiezu seyn. Hätte ich doch Lucien mehr in demselben vermachen können, als die Hälfte meines Vermögens, könnte ich ihr durch dasselbe eine unschuldige, eine unbeleidigte Tugend wieder geben! Aber ach! wie könnte ich ihr Etwas geben, das ich selbst nicht besitze! Hebe es auf, vielleicht ist der Tag bald nah, da du deinem Freunde, in der Vollziehung desselben, die letzte Liebe erweisen kannst.

Robert. Noch spät sey er! Lebe noch, Lucien und deinen Sohn glücklich und tugendhaft zu sehen, und dann, wann du kein Glück weiter hier zu erleben hast, erwarte das vollkommenste, das dir keine Tugend verdienen kann.

Willhelm. Nein, Robert, diese Welt, die auch sonst für den Weisen ihre Freuden hat, hat für mich keine mehr. Damals hatte sie einige für mich, da ich auf einen Sohn stolz war, von dem ich glaubte, daß er meine Sorgfalt durch seinen Gehorsam belohnte, da ich mich von einer zärtlichen, von einer tugendhaften Lucie geliebt erblickte. Aber jetzt, da selbst mein Stolz in die Schande hinabgesunken, da mein Sohn durch seinen Ungehorsam ein Bösewicht geworden ist, da diese Lucie von einem unseligen Feuer brennt, welches ein Herz, voll von der zärtlichsten Liebe gegen sie, mit Abscheu erfüllt, jetzt ist der Tag der glücklichste für mich,

wel-

welcher der letzte eines elenden Lebens seyn wird. Zwar oft wünsche ich noch so lange zu leben, bis ich Karln und Lucien wieder tugendhaft sehen möchte. Aber wie, wenn sie diese erste Tugend nie wieder finden sollten; und wie schwer findet sie das Herz, das sie einmal vergessen hat, wieder? Müßte nicht der mein Feind seyn, der mir sodann die geringste Verlängerung meines Lebens und meiner Schmerzen wünschen könnte? O Freund! was wäre der Elende ohne die Hoffnung, daß jeder Augenblick der letzte seiner Klagen seyn kann?

Dritter Auftritt.

Die Vorigen. Ein Bedienter.

Der Bediente (zu Sir Willhelm.) Die Fräulein, Sir, läßt fragen, ob es Ihnen gefällig ist, Ihren gewöhnlichen medicinischen Trank zu nehmen?

Willhelm. Was für Freude war mir sonst jeder Augenblick, sie zu sehen; aber jetzt zittert mein Herz, so oft ich mich ihr nahen soll. Erwarte mich hier.

Robert. Nein, ich will indessen meine Amalie besuchen. (Sir Willhelm geht ab.)

Der Bediente (zu Sir Robert.) Verzeihen Sie, ich habe noch eine Nachricht für Sie, die Sir Willhelm nicht wissen darf. Jakob, der den jungen Herrn Southwell nicht eher verlassen sollte, bis er ihn nach Amerika an den Bruder des Sir Willhelms eingeschifft sähe, ist zurückgekommen. Der junge Herr hat in der Finsterniß der Nacht Gelegenheit zu fliehen gefunden. Jakob ist voll Schrecken über die Ausschweifungen, die er in der Raserey begehen kann, zurückgeeilt. Er weiß nicht, ob er seinem Herrn diese verdrüßliche Nachricht entdecken soll oder nicht.

Robert. Nein! Jakob muß sich verborgen halten; mein Freund darf in seinen jetzigen Umständen nichts wissen, das seine Betrübniß vermehren würde. Wo ist Jakob? Führe mich an einen sichern Ort, wo ich ihn sprechen kann. (Sie gehen ab.)

Vierter Auftritt.
Lucie. (hernach) Sir Willhelm.

Lucie. Herz! gottloses Herz! Es ist geschehen. Rühme dich deines Siegs, wenn du kannst. Doch du zitterst: ist es Mitleiden, ist es Verzweiflung, ist es Rache, die schon auf mich hereinstürzet? Meine thörichten Augen, die selbst meine eigenen Grausamkeiten nicht mit ansehen konnten! Verstockung und Frechheit, Hölle! dieß ist das einzige, was ich dich bitte. Welche lasterhafte Seele hat dich jemals vergeblich darum geflehet? Verflucht sey seine Liebe, seine Zärtlichkeit! Warum war er nicht stolz, nicht grausam in dem Augenblicke, da er den tödtlichen Trank aus meiner Hand empfing? Er verfolget mich, der Barbar! Er wird mich durch neue Zärtlichkeiten martern, und in meiner Unruhe und Verzweiflung alle meine Schandthaten lesen.

(Sie

(Sir Wilhelm Southwell kömmt.)

Willhelm. Warum fliehen Sie diese Umarmungen, meine Lucie, denen Sie sonst mit so vieler Freude, Ihren Southwell zu beglücken, entgegen eilten? Sie zittern? Ist es Abscheu für den Mann, dessen ganze Seele jederzeit aus ungeduldiger Freude zitterte, seine Lucie glücklich zu sehen? Wenn haben Sie sich über einen einzigen meiner Blicke bis auf diesen unglücklichen Zeitpunkt beklagen dürfen? O könnten Sie in meiner Seele lesen, Sie würden sehen, daß meine Grausamkeit Liebe ist. Rufen Sie doch diese erhabene Tugend in Ihr Herz zurück, die sonst meine Seele mit so vielem Stolze erfüllte. Lucie! welche Zeiten, da Sie in dem Besitze derselben die ganze übrige Welt verachten konnten! da Sie die Freude meines Herzens, die Ermunterung Ihrer Nachbarinnen und der Neid derer waren, über die Sie sich empor gehoben hatten; da man mich wegen Ihres Besitzes und Sie wegen Ihres eignen Herzens glücklich pries —

Lucie. Unmensch, was quälen Sie mich durch die Erinnerung an eine Tugend, die ich verloren habe?

Willhelm. Nein! Sie haben sie nicht verloren. Sie sind einen einzigen Schritt von ihr gewichen, und das edelste Herz ist dieser Versuchung ausgesetzt. Entschließen Sie sich nur, und Sie werden eben so groß, so erhaben, so glücklich seyn, als Sie es jederzeit gewesen sind. Seyn Sie es. Southwell soll Sie auf seinen Knien mit seinen Thränen darum bitten, daß Sie

glück-

glücklich seyn wollen. Darf er Ihnen erst die Glückseligkeit eines Herzens schildern, das durch seine Tugend allein jeden seiner Augenblicke heiter machen kann?

Lucie. Und wenn Sie mein Herz einen tausendfachen Tod empfinden ließen, Sie würden sich doch weniger grausam an mir rächen.

Willhelm. Southwell hat keine Ursache sich zu rächen, und wenn er sie auch hätte, so würde er sich eher an der ganzen übrigen Welt, als an Lucien rächen können. Nur Liebe, väterliche Liebe — Welche ungewöhnliche Bewegungen! Es überfällt mich eine Schwachheit. Meine Knie wanken. Reichen Sie mir einen Stuhl.

(Er setzt sich, Lucie will voll Bewegung weggehen.)

Willhelm. Wollen Sie mich verlassen? Wie, wenn es meine letzten Augenblicke wären, wollten Sie mich noch voll Haß sterben sehen? (Er schließt ihre Hand in die seinige.) Welche Pein wüthet in meinen Gliedern! Wollen Sie mir nicht solche durch das Versprechen mich zu lieben, mir meine erste, meine tugendhafte Lucie wieder zu schenken, erleichtern? Gott! wie wird mir! Mein Freund Robert hat auf allen Fall meinen letzten Willen. Er bestimmet Ihnen die Hälfte meines Vermögens. Hätte ich mehr thun können ‚‚‚

Lucie. Zu viel haben Sie gethan! Nehmen Sie Ihr Vermächtniß, nehmen Sie Ihre Liebe zurück. Ich will sie nicht. Sie sind das quälendste Geschenk, das Sie mir machen können. Ihr Haß, Ihre Verachtung ist Trost, ist Ruhe für meine Seele.

Willhelm. Beruhigen Sie sich, meine liebe Tochter. Sie verdienen nichts als Mitleiden, selbst von der eifrigsten Tugend. Wie leicht fehlt ein menschliches Herz, das selbst der strengste Tyrann über seine Leidenschaften ist!

Lucie. Sie kennen mich nicht. Sehen Sie Ihre Mörderinn! Sie hat ein Leben verkürzt, zu dessen Erhaltung sie das ihrige hätte aufopfern sollen.

Willhelm. Nein! dieses ermüdete Alter war schon längst reif zum Tode. Die Schmerzen, die ich über Ihre Vergehung empfand, konnten nie meiner Gesundheit schädlich seyn. Sie waren mit der Hoffnung verknüpft, Ihr Herz durch den Sieg über sich selbst noch größer zu erblicken — Ihre Reue, Ihre Thränen lehren mich, daß ich recht gehofft habe. Gott! wie süß wird mir der Tod selbst seyn, wenn mein sterbendes Herz noch meine Kinder tugendhaft segnen kann. Warum raube ich mir noch die vollkommenste Freude, die Freude, meine Tochter an meine Brust zu drücken? Umarme deinen Vater, meine einzige, meine wahre Tochter! — Ach der Schmerz bringt näher an mein Herz, und erlaubt mir meine letzte Freude nicht. In mein Kabinet, Lucie, wenn es möglich ist.

Lucie. (vor sich.) O Laster und Tugend, welchem von euch soll ich mehr fluchen!

(Sie führt ihn weg.)

Fünf-

Fünfter Auftritt.

Betty, (die von weitem zugehört hat.)

Die einfältige Lucie! Was für ein verzagtes Geschöpf! nicht einmal ohne Zittern die Welt von der Last eines alten Mannes befreyen zu können. Meine Seele ist vor Zorn und Schrecken über das thörichte Geschwätz ganz außer sich. Wäre der alte Narr weniger verliebt in sie, er hätte durch ihren Unsinn unsere ganze Bosheit entdeckt. Doch nun wird es dem Herzen des alten Mannes noch ein paar Stöße und Lucien noch ein paar Seufzer kosten, hernach wird alles gut seyn. Und Betty wird sich an dem Sir Willhelm gerächt, und von seinem Sohne durch die Vollziehung dieser Vermählung die versprochenen zweyhundert Guineen verdient haben. Wie unvollkommen ist die menschliche Freude! Muß ich schon wieder Thränen und Seufzer hervorsuchen?

(Sir Robert kömmt.)

Betty. Ach Sir, haben Sie Ihren armen Freund schon besucht? Wissen Sie den neuen Schmerz schon, der dieser unglücklichen Familie drohet? warum muß doch Lucie zu beständigen Thränen verbannt seyn?

Robert. Was giebt es? Ist Sir Karl zurückgekommen? oder sollte Lucie das Haus des Sir Willhelms haben verlassen können?

Betty. Eilen Sie, wenn Sie Ihrem sterbenden Freunde noch die letzte Pflicht Ihrer Liebe erzeigen wollen.

len. Vielleicht hat bereits der Tod der Welt eine Tugend geraubt, die sie nicht länger zu besitzen verdiente. Sie werden ihn im Kabinete in Luciens Armen finden. Den besten Herrn, der jemals gelebt hat, so bald zu verlieren!

Robert. Ist es möglich? Habe ich nicht nur vor wenigen Augenblicken ihn hier gesund verlassen? Gott! solltest du seine Tugend so bald glücklich gemacht haben? Wie viel Thränen wird mir selbst seine Glückseligkeit kosten! (Geht ab.)

Betty. Und mein Herz wird sich freuen, sie fliessen zu sehen. Dieser arglistige Robert hat meiner Heucheley manche Sorgen und Angst abgezwungen. — Ha, Lucie! mit einem Gesichte, auf dem alle Furien abgeschildert sind! Bereite dich, Betty, Ströme von Flüchen und Verwünschungen zu hören.

Sechster Auftritt.
Lucie. Betty.

Lucie. Tyrann! gieb mir die Unschuld wieder, die du mir geraubt hast, gieb sie mir, selbst so wie sie von dem Laster der Wollust geschändet war, wieder. Gieb mir wenigstens die Unempfindlichkeit, der herannahenden Rache frech und unerröthend zu trotzen. Schreckliche Minuten! können die Strafen der Hölle empfindlicher seyn? Ich empfinde sie voraus. Und ich allein fühle sie! Und du, gegen die ich die Tugend selbst

selbst bin, fühlst sie nicht? Ist der Himmel gerecht? Nimmermehr ist er es!

Betty. Sind Sie fertig, Fräulein? Leben Sie wohl. Ich will Ihre Undankbarkeit gegen mich nicht noch dadurch vermehren, daß ich Sie durch meine Gegenwart zu neuen Verwünschungen aufmuntere.

Lucie. Ja, sey dem Teufel in allen Stücken ähnlich. Verlaß mich in dem entsetzlichsten Zustande, in den du mich selbst gestürzt hast. Kann wohl deine harte Seele eine Art von Mitleiden jemals zu empfinden fähig seyn? Vollende dein unseliges Werk, und lehre mich noch ein größeres Laster, wenn es möglich ist, die Martern zu bändigen, die meine Seele ängstigen. So viele Bösewichte leben, und sind glücklich; und ich allein sollte mir zur Qual lasterhaft geworden seyn?

Betty. Warum vergessen Sie diese kindischen Begriffe von Laster und Tugend nicht? Was ist Laster und Tugend? Erfindungen des Eigennutzes und des Aberglaubens. Wo ist Ihr Stolz? wollen Sie ewig verdächtlich von sich sprechen? — Was haben Sie denn nun Abscheuliches gethan? Einen alten Mann zur Ruhe gebracht, der vielleicht der Welt eben so müde war, als diese Welt seiner; der Sie auf das grausamste beleidigte; ohne dessen Tod Ihre Schande, die ärgste die Ihnen widerfahren konnte, unvermeidlich war?

Lucie. Der mich aber auch wie ein Vater seine Tochter liebte, der in seinen letzten Augenblicken lauter Liebe und Zärtlichkeit war. Ach diese fürchterliche Scene!

nie wird sie aus meinen Gedanken kommen. O hätteſt du mein Herz in dem ſchrecklichen Augenblicke geſehen, da er mich durch alle ſeine Zärtlichkeiten marterte, da er ſich auf meinen Arm ſtützte, und mitten unter den unausſprechlichſten Martern, die ich ihm verurſachte, in den Umarmungen ſeiner Tochter — ſeiner Mörderinn hätte er ſagen ſollen — eine Erleichterung ſeiner Qual finden wollte. Belty, hätteſt du mein Herz ſehen können, du hätteſt eine Zähre verloren, und wenn es die erſte in deinem ganzen Leben geweſen wäre. Stelle dir ihn in ſeinem Kabinette vor, wie er aus meinen zitternden Armen auf ſeine ſchon wankenden Knie ſinkt, wie er mit thränendem Auge und mit einer Inbrunſt voll Liebe und Zärtlichkeit betet: „Gott! ſegne meinen „Sohn, ſegne meine Tochter! Waren ſie ſtrafbar, ſo „vergieb ihnen und laß ihre Verbrechen die meinigen „ſeyn!“ Warum hieß er mich doch ſeine Tochter? Mußte er noch durch dieſen Namen mein Laſter und meine Schmerzen vermehren? Er verlor die Sprache, aber ſein Auge ließ mich deſto ſtärker die Sprache väterlicher Empfindungen entdecken. Bey jeder Zückung, die er fühlte, warf er einen Blick auf mich, der mich um Erbarmung anzuflehen ſchien, und mich eine ganze Hölle von Martern fühlen ließ. Robert und ſeine Tochter haben mich endlich von dieſem für mich ſo abſcheulichen Auftritte befreyet. Sie hielten meine Verzweiflung für die Wehmuth der Zärtlichkeit. Sie nahmen mich aus ſeinen mich umſchlingenden Armen, damit ich,

wie

wie sie sagten, in der Einsamkeit Trost und Erleichterung meiner Schmerzen suchen könnte. Trost? Erleichterung? welche Einsamkeit? welche ganze Welt? welche künftige Ewigkeit selbst — Ewigkeit, welcher Gedanke! kann sie mir geben?

Betty. Vergessen Sie Sir Karln nicht, Fräulein. Ich gebe Ihnen mein Wort, er wird Ihnen diesen Trost, diese Erleichterung, oder wie es Ihre Tugend zu nennen beliebt, mitzutheilen fähig seyn. Erinnern Sie sich an eine gewisse Gelegenheit, da Ihre arme Betty eben so viel Verwünschungen als jetzt ausstehen mußte, und da Sie alle Ihre Seufzer eben so geschwind in seinen Armen vergaßen, als Sie in diesen Armen die jetzigen vergessen werden.

Lucie. Ja, erinnere mich an alle meine Niederträchtigkeiten. Sie sind das Werk deiner Hände; du hast Recht auf sie stolz zu seyn. Der elende Bösewicht! daß ich weder ihn noch dich, sein unseliges Werkzeug, gesehen hätte!

Betty. Seyn Sie doch barmherziger. Der arme Karl! Er ist diese Grausamkeit nicht von Ihnen gewohnt.

Lucie. Spotte nicht über mich, unverschämter Teufel, daß du selbst mich elend gemacht hast. Laß mich deine Rache ganz fühlen, o Himmel! Sie wäre unvollkommen, wenn ich nicht der Spott und die Verachtung selbst derjenigen würde, die mich lasterhaft gemacht haben. Führe ihn her, ihn, dem ich Glück,

Tu-

Tugend und Seligkeit selbst aufgeopfert habe, und laß mich, zur grausamsten Strafe für meine Verbrechen, Verachtung und Haß in seinen Blicken lesen. Solltest du zulassen, daß er die Mörderinn seines Vaters als seine Gemahlinn umarmen dürfte? Nein, nein! dann bist du gerecht, wenn du mich strafen sollst. Höre die Rache, die über mich schreyt! Ja, ein unwiderstehliches Gefühl voll Zittern und Angst sagt mir, daß du sie hörest. Karl selbst wird aus meiner Verzweiflung entdecken, wer ich bin. Selbst der Schrecken, mit dem mich das Bild seines Vaters aus den gräßlichsten Träumen an seiner Seite erwecken wird, wird es ihn lehren. Er wird meine Qual seyn, wie ich die seinige seyn werde. Und dann, wenn wir uns gemeinschaftlich anklagen, wenn wir gemeinschaftlich verzweifeln werden, was für größere Qualen, o Ewigkeit, wirst du sodann noch für uns übrig haben können?

Betty. Lassen Sie Ihr Herz ausstürmen. Ich kenne es; je stärker es braust, je ruhiger wird es hernach. Aber erlauben Sie mir auch hernach die kleine Rache, daß ich Sie mitten unter Ihren künftigen Freuden an Ihre ehemalige Verzweiflung erinnere. Zu den Zeiten der Helden würde Ihre stürmische Tugend eine recht bewegliche Rolle gespielt haben.

Lucie. So weit ist mein Stolz heruntergesetzt, daß ich dich um ein Laster, um diese Gleichgültigkeit, mitten unter den größten Verbrechen die ich nicht hoffen darf, beneiden muß. Wer kömmt? Wer weiß, sind

meine

meine Verbrechen nicht schon entdeckt? Verbirg mich, Betty, verbirg mich vor der Rache, die mich vielleicht schon verfolgt. Fürchterliches Gewissen! Welche Angst!

Betty. Sehen Sie ein Wunderwerk, sehen Sie Sir Karln.

Siebenter Auftritt.
Die Vorigen. Sir Karl.

Karl. (in einiger Entfernung) Ja, ich sehe Lucien wieder. Aber ach! soll ich sie mit Abscheu oder mit der ehemaligen Zärtlichkeit wiedersehen? Der verdammte Robert! hätte er meine Brust durch einen grausamern Zweifel foltern können? Nein! seine Betrügerey ist zu klar. — Meine Lucie! meine Gemahlinn! endlich können sich unsere Seelen auf ewig mit einander vereinigen. — Wie? Sie entreißen sich den Armen des zärtlichsten Liebhabers? Mit Zittern? mit Abscheu? Himmel, ich bin verloren! Der barbarische Robert ist nicht zufrieden gewesen, mich allein zu martern. Glauben Sie doch seinem Betruge nicht. Sehen Sie seine eigennützige Absicht nicht ein?

Lucie. Was wollen Sie mit dem Sir Robert? Von was für Betruge reden Sie? Haben Sie noch eine Qual mehr für Lucien? Sagen sie solche. Aus keinem Munde als dem Ihrigen kann sie mit mehrerm Rechte gehört werden. Ich will Ihre Mühe damit belohnen,

daß

daß ich Ihre Seele einen neuen Schmerz empfinden lasse, den Sie noch nicht zu wissen scheinen. Sie würden sonst diese wenigen Minuten, da Sie mich mit Ihrer Zärtlichkeit quälen, mit Flüchen über mich zugebracht haben. Ja! die Rache des Himmels hat Sie zu der bequemsten Zeit zurückgeführt, einen Vater zu rächen, den ich Ihnen geraubt habe.

Betty. Wie können Sie den zärtlichsten Liebhaber mit Ihrem Geschwätze quälen? Kommen Sie, Sir. Verlassen Sie die Fräulein, bis sie sich gefaßt hat. Sie wissen, sie hat jederzeit viel Neigung für Sir Willhelm gehabt.

Karl. Liebe und Rache haben mich zurückgeführt, meine Lucie an einem ungerechten Vater und an seinem boshaften Freunde zu rächen. Diese Liebe und Rache haben mich List genug gelehrt, die grausamen Anschläge, die man wegen unserer Trennung gemacht hat, zu vernichten. Ich habe diesen Augenblick bey meiner Ankunft gehört, daß der Feind unserer Glückseligkeit todt ist.

Lucie. Ihr Vater todt? und sein Sohn hier bey Lucien? —

Karl. Pflicht und Betrübniß würden mich zuerst zu seinem Leichname geführt haben, wenn mich nicht seine Grausamkeit und meine Liebe gezwungen hätten, mit Ihnen zuerst die Freude unserer Wiedervereinigung zu fühlen. Aber wie hätte ich eine so schmerzliche Empfangung vermuthen können? Wen beklagen Sie? War es nicht der Feind Ihrer und meiner Glückseligkeit? Gütiges Herz! Sehen Sie, der Himmel ist gerecht. Er erlaubt ihm nicht länger, sich unserer Liebe zu widersetzen.

Lucie. Bösewicht! wissen Sie wohl, daß Sie Lästerungen wider den Himmel reden? Wollen Sie ihn zum Urheber des schrecklichsten Lasters machen? Wissen Sie wohl, daß dieser Vater, den Sie Undankbarer ungerecht nennen, in seinen letzten Augenblicken mit dem Munde, mit dem er den fürchterlichen Fluch hätte auf uns legen sollen, den zärtlichsten Segen über uns aussprach? Daß diese Lucie — Verlassen Sie mich, Southwell, wenn ich eine Erleichterung meiner Martern fühlen soll, und wenn Sie nicht selbst mit mir zugleich alles Schreckliche derselben fühlen wollen.

Betty. Fräulein, Ihr Herz und Ihr Kopf scheinen in gleicher Unordnung zu seyn. Besinnen Sie sich doch. — Sir Karl, lassen Sie mich Ihnen in zwey Worten den Grund dieser ausschweifenden Hitze entdecken. Die Fräulein hat sich den schwärmerischen Einfall in den Kopf gesetzt, daß sie durch die dem Sir Wilhelm verursachten Bekümmernisse ihm das Leben verkürzt habe. Sie wissen, es hat sich noch Niemand in vierundzwanzig Stunden — so alt waren ungefähr die Bekümmernisse des Sir Wilhelms — zu Tode gegrämt. Sie kennen indessen ihr ungestümes Herz. Ueberlassen Sie es einige Stunden sich selbst. Es wird sich sodann seiner eignen Schwachheit schämen.

J Karl.

dieser ungegründeten Verzweiflung, bey welcher mein Herz für Betrübniß blutet, entreißen können. Besinnen Sie sich doch, daß es der Eigennutz und der niederträchtigste Neid sind, die unsere Liebe des abscheulichsten Lasters beschuldigen. Konnten sie wohl beide ein einfältigeres Mährchen erfinden, ihren Endzweck zu erreichen? Wenn hat mein Vater jemals eine Tochter, ja nur ein einziges Kind außer mir gehabt? Wie habe ich also jemals in Lucien meine eigene Schwester lieben können?

Lucie. Ihre Schwester! Ha! Lucie selbst weiß ihre Laster noch nicht alle. Fürchterliche Dunkelheit! Bald soll sie sich aufklären. Ein schwacher Stral blitzet durch sie hindurch; aber wie schrecklich ist er! Ich bin unfähig, das entsetzliche Wort noch einmal auszusprechen. Erklären Sie sich deutlicher, Southwell.

Karl. Warum bin ich doch so unvorsichtig gewesen, Sie mit einem Schmerze zu beunruhigen, den Sie nicht wußten. Lassen Sie uns diesen elenden Betrug der Vergessenheit und Verachtung aufopfern, die er verdient. Unsere Liebe = = =

Lucie. Barbar! martern Sie mich nicht durch Ungewißheit. Sagen Sie mir, wer ich bin?

Karl. Meine Lucie, meine Gemahlinn, meine einzige Freude meines Lebens sollen Sie aller Welt und dem Himmel zum Trotz selbst seyn.

Lucie. Nichts! die Mörderinn deines Vaters, deine eigene Henkerinn, und das größte Ungeheuer, Southwells Tochter selbst will ich seyn. Wo ist Robert?

Karl.

Karl. Der Verleumder! der Bösewicht! Er soll meine Rache für die Schmerzen empfinden, die er mir und Ihnen verursacht hat. Ich fodere die ganze Welt auf, mir meine Gemahlinn zu rauben.

(Er will sie umarmen.)

Lucie. Laß mich! Unmensch! Meine Seele zittert, dich mit einem andern, mit einem noch schrecklichern Namen zu nennen. Doch wie? ist es nicht ein Traum? ist es nicht Einbildung? Bin ich es wirklich? Das giftigste Gewürme, das jemals die Erde ernährt hat? Ja, diese Peiniger, diese Vorboten noch größerer Qualen, wenn sie möglich sind, diese Angst, diese Verzweifung, sagen sie mir nicht was ich bin? Hölle! sieh deinen Raub! was verziehst du?

Karl. Verfluchter Robert! welche Marter ist ungerecht für dich, wenn es Bosheit ist? Aber wie? wenn es Wahrheit wäre? Unsinnige Furcht! sie kann, sie soll es nicht seyn. Was für eine elende Erfindung!

Achter Auftritt.

Die Vorigen. Amalie.

Amalie. Wie? Sir Karl, Sie sind hier und haben die traurigste, aber auch die heiligste Pflicht Ihres Lebens vergessen? — Ach Lucie, erlauben Sie mir, daß ich alle Wehmuth der Zärtlichkeit in Ihnen erneuere. Selbst diese Wehmuth hat für eine gefühlvolle Seele, wie die Ihrige, mitten in der Betrübniß ihre Annehmlichkeiten.

Wie zärtlich suchten Sie nicht seine schon sterbende Blicke, in der Minute da er Sie vermißte! Wie eifrig bemühte er sich noch einmal, Ihren Namen auszusprechen? Sein schon geschlossenes Auge öffnete sich noch einmal. Es sammlete von der stärksten väterlichen Liebe und Empfindung neue Kräfte. Es warf noch den beredtesten, den beweglichsten Blick auf die Gemälde seines Sohnes und seiner Lucie, die ihm gegen über hingen, und sodann schloß es sich auf ewig. Ich table die sprachlosen Schrecken nicht, in denen ich Sie erblicke. Wie rühmlich ist es für Sie und für mich! Er zeigt, daß Sie würdig waren, von dem tugendhaftesten Manne, den die Welt verloren hat, geliebt zu werden.

Lucie. So ist er denn todt? und Lucie lebt noch? Doch was ist ihr Leben? Ist es nicht elender als der Tod selbst? Rufen Sie mir Ihren Vater, Amalie. Mein Herz soll nicht länger unter dieser Ungewißheit schmachten.

Karl. Rufen Sie ihn nicht, wenn Sie ihn noch einige Augenblicke vor der Rache verbergen wollen, der er gewiß nicht entfliehen soll. — Lucie, wollen Sie die Bosheit gänzlich über Ihren Verstand triumphiren lassen?

Amalie. Unglückliche Dunkelheit! Was wollen Sie von meinem Vater, Lucie? Womit kann Sie der Freund des Ihrigen beleidigt haben, Sir Karl? Er wird gleich hier seyn, sobald er die ersten Thränen über seinen Freund wird abgetrocknet haben. Er weiß Ihre Ankunft, und er hat mir gesagt, daß er mit Ihnen sprechen muß. Aber
die

die stumme Raserey, die ich erblicke, zwingt mich zu zittern. Erklären Sie mir doch diesen fürchterlichen Traum, meine liebe Freundinn. — Himmel! mein Vater! Erinnern Sie sich, Sir, es ist der Freund des Sir Willhelm.

Neunter Auftritt.
Die Vorigen.   Sir Robert.

Karl. Alter Bösewicht! —

Lucie. Halten Sie ein, Unsinniger! Das Maaß Ihrer Verbrechen ist bereits voll; Sie haben keine weiter nöthig. Treten Sie näher, Sir Robert. Wiederholen Sie mir, was Sie Sir Karln vor kurzer Zeit gesagt haben. Sagen Sie mir in zwey Worten, wer ich bin; ich weiß, Sie wissen es.

Robert. Ich würde es Ihnen gesagt haben, auch wenn Sie mich nicht gefragt hätten. Es ist dieß die einzige Absicht, die mich der Einsamkeit und der Pflicht, meinen Freund zu beweinen, entrissen hat. Ich weiß Ihre und Sir Karls Liebe. Ich würde eben so strafbar als Sie selbst seyn, wenn ich nur noch einen Augenblick das einzige Mittel verzögerte, welches diese Liebe trennen kann. Lieben Sie denjenigen als Ihren Bruder, den Sie niemals ohne das abscheulichste Laster als Ihren Gemahl lieben können. Sie sind des Sir Willhelms leibliche Tochter, Lucie.

(Lucie und Amalie beide in der äußersten Bestürzung.)

Karl.

Karl. Unverschämter! Ich kenne den Eigennutz, der dich diese Sprache gelehrt hat.

Robert. Warten Sie nur wenige Minuten, und Sie werden sich Ihrer Vorwürfe schämen.

Amalie. Ach mein Vater, nicht ein Wort mehr! lassen Sie diese schreckliche Begebenheit in der Dunkelheit, in welcher sie ist.

Robert. Nein, meine Tochter, du begehrst eine strafbare Gefälligkeit von mir. Eine übertriebene Zärtlichkeit und Schamhaftigkeit hat meinem seligen Freunde das Vergnügen geraubt, Sie, Lucie, als Vater zu umarmen. Vielleicht würde er sich noch überwunden haben, wenn ihn der Tod nicht übereilt hätte. Sein Andenken ist mir zu heilig, als daß ich es bey jeder andern Gelegenheit als der jetzigen durch ein einziges Wort entehren sollte, welches nicht ein Lob für ihn wäre. Doch selbst diese Größe, dieser Eifer der Seele, mit der er sich seinen Vergehungen entrissen und den Himmel durch die strengste und erhabenste Tugend versöhnt hat, ist der glänzendste Ruhm für sein Herz. Ahmen Sie Beide das Beyspiel des würdigsten Vaters nach, und zeigen Sie, daß Sie eben so rühmlich als er über Ihr Herz triumphiren können. Er war ein Beweis, daß auch das beste Herz seine Minuten hat, in welchen es schwach ist. — Er lernte einige Zeit nach Ihrer Mutter, Sir Karl, die bald nach Ihrer Geburt starb, eine gewisse Jungfer Wills kennen. Sie liebten sich, und die Ungleichheit des Standes bestritt ihre Liebe. Sie erkauften durch Uebereilung allzu

theuer

theuer ein eingebildetes Vergnügen, welches aufhörte eins zu seyn, sobald sie es genossen hatten. Sie, Lucie, waren die Frucht dieser unglücklichen Liebe. Ihr Vater selbst ließ Sie unter dem Scheine eines Kindes, das von seinen Aeltern weggesetzt worden wäre, erziehen. Ihre Mutter heirathete bald darauf den Herrn Norris, und es fand sich nach einiger Zeit eine Gelegenheit, daß die Frau Norris Ihre Auferziehung selbst besorgen konnte. Ihr Vater konnte seine Lucie nicht länger entbehren. Er nahm Sie wieder von der Frau Norris weg, die eben so viel gelitten hatte, als er selbst litte, da er seine größte Freude, von Ihnen als Vater umarmt zu werden, nicht genießen konnte. Urtheilen Sie von seinem Schmerze, da er sich nothwendig Ihrer Vermählung widersetzen mußte. Lesen Sie hier sein eigenes Testament, in welchem er Sie nebst einem ansehnlichen Vermächtnisse für seine Tochter erkennet. Sie kennen doch die Hand Ihres Vaters, Sir Karl?

Amalie. Unglückliche Lucie! elender Karl! o daß mein Herz mehr für euch thun könnte, als seufzen! Dieser Anblick von Schrecken und Abscheu ist zu stark für mich. Meine Seele kann ihn nicht länger ausstehen.

(Sie geht ab.)

Lucie. Warten Sie, Amalie; Sie kennen mich noch nicht in meiner schrecklichsten Gestalt. Zeigen Sie mir die Schrift. Ich kenne die Hand des — (Sie liest.) Ja, Himmel! du hast meine Fluche gehört. Du hast mich so lasterhaft seyn lassen, als ich es zu seyn verlangt habe.

Selbst lasterhafter als du, Bösewicht! Erkenne hier deine Buhlerinn, deine Schwester, und noch mehr, die Mörderinn deines und ihres eigenen Vaters! Von meiner Hand hat er Gift empfangen, diese unselige Verbindung zu beschleunigen, doch vielmehr mich an ihm zu rächen, daß er zweyen der abscheulichsten Ungeheuer das Leben gegeben hat. Möchte diese unselige Frucht der Unzucht und Schande, die sich bereits unter meinem Herzen regt, möchte sie geboren werden und leben, um eben so der Mörder eines gottlosen Vaters zu werden, wie ich die Mörderinn des unsrigen geworden bin! Doch ich will sie in ihrem Blute ersticken. Ich will durch ihren Mord noch ein Verbrechen und durch dieß Verbrechen noch eine Qual mehr auf dein schuldiges Haupt häufen. Mitten unter den entsetzlichsten Foltern die mich erwarten, will ich mich freuen, wenn ich dich eben so wie mich gepeinigt sehe. Ich, die ich sonst jeden Augenblick auf ein neues Vergnügen für dich sann, will jede Minute auf eine Qual für dich denken. Flüche über dich sollen aus dem Munde hervorströmen, aus dem du ehemals nichts als Zärtlichkeit gehört hast. Ja, Unmensch, trage diese Flüche deiner Schwester und deiner Frau. Fühle meine Martern, die schrecklichsten welche die Rache hat, und verzweifle wie ich. (Geht ab.)

Robert. Gott! wie gerecht und wie streng sind deine Gerichte über die Strafbaren! Armer unglücklicher Freund! Erwachen Sie aus Ihrer Betäubung, Sir. Der Himmel verlangt eine geschwinde Buße, wenn Sie ihn versöhnen wollen.

Karl.

Karl. Was Buße? ist der Himmel oder ich ungerecht? Doch welcher Donner, welcher schreckliche Donner, schallt noch vor meinen Ohren? Lucie meine Schwester und schwanger von mir? Lucie die Mörderinn meines und ihres Vaters? Elendes Gewebe von Unsinn und Bosheit! Warum quälen Sie mich, Lucie? Warum versammeln Sie diese Gespenster des Schreckens und der Verzweiflung um mich herum? Alles ist vor mir Nacht und Entsetzen! Thörichtes Herz, was bebest du? Nichts, Lucie! Ich will keine Schwester, ich will eine Gemahlinn in Ihnen besitzen. Selbst als die Mörderinn meines Vaters will ich Sie lieben. War er nicht ein Barbar? Nein, Sie müssen mich — Ha! wo ist Lucie? Verräther! du hast mir sie geraubt. Du hast sie verborgen. Gieb mir sie wieder, oder dein Leben soll dir nicht länger geschenkt seyn, mich noch mehr zu martern.

Robert. In was für einem bejammernswürdigen Zustande erblicke ich Sie! Sammeln Sie alle Ihre Vernunft, ich bitte Sie um Ihrer ewigen Glückseligkeit willen, diesen harten Streich auszustehen. Vielleicht hat die göttliche Gerechtigkeit noch kläglichere Scenen des Unglücks zubereitet. Thränen und Reue sind das einzige Mittel, welches die Rache dieser Gerechtigkeit aufhalten kann. Ich ängstige mich für Lucien. Lassen Sie uns wegachen.

Karl. Willst du mir nicht sagen, wo sie ist? Trotz aller deiner List, alter Bösewicht, will ich sie finden. Ich will sie wegen deiner närrischen Träume beruhigen.

Ich

Ich will sie wieder als meine Gemahlinn umarmen; und dann soll keine Marter so schmerzlich seyn, die ich dich nicht empfinden lassen will.

(Geht wüthend ab.)

Robert. Wohin? wollen Sie noch dem Untergange entgegen eilen? — Gott! welche finstere Tage des Elends hast du mich noch erleben lassen!

Zehnter Auftritt.
Sir Robert. Amalie.

Amalie. Ach mein Vater! welches entsetzliche, welches blutige Trauerspiel! werde ich wohl die Gewalt haben, es Ihnen zu wiederholen? Betty und die unglückliche Lucie, beide liegen in ihrem Blute. O wie wird Ihre Amalie diesen fürchterlichen Anblick eine einzige Minute vergessen können?

Robert. Gott! darf der Mensch, der kurzsichtige Mensch deine Gerechtigkeit tadeln? Wie gerecht, Amalie, wird nicht der Gott gegen die Tugend seyn, der es in einem so hohen Grade gegen das Laster ist?

Amalie. Mit einem Gesichte, auf welchem alle ihre Wuth und Verzweiflung abgeschildert war, trat sie in mein Zimmer. Ich wollte sie an meine Brust drücken und sie trösten; sie stieß mich mit Grimm von sich. Sie wiederholte mir kurz ihre Verbrechen, Verbrechen, die mein Mund auszusprechen unvermögend ist. Sie eilte in ihr eigenes Zimmer, und ich folgte ihr selbst mit Zittern und Furcht für ihr Leben. Die unglückliche Betty war in demselben. Lucie bemächtigte sich heimlich eines Messers; sie stieß es in das Herz dieser elenden Kreatur, und eben so geschwind in das ihrige. Sie starb unter den bittersten Verwünschungen der Betty, die sie als die Urheberinn ihres Unglücks anklagte, des Sir Karls, ihres eigenen Vaters und des Himmels selbst. Was für fürchterliche Folgen hat die unerlaubte Liebe des Sir Willhelms und seines Sohns gehabt!

Eilfter Auftritt.

Die Vorigen. Jakob.

Jakob. Ach Sir Robert, erbarmen Sie sich meines armen Herrn. Er ist in einem Zustande, welcher der Raserey sehr nahe ist. Er fand den todten Körper der Lucie. Er stürzte sich auf denselben. Was für Flüche strömten aus seinem Munde hervor! Ich und die andern Bedienten haben ihn mit Gewalt von demselben weggezogen. Wir haben alles vor ihm verborgen, wodurch er seinem Leben schädlich seyn könnte. Mehr als einmal hat er sich schon aus unsern Händen losgerissen. Kommen Sie — Gott! Hier ist er selbst! Wer kann ihn sehen, ohne zu zittern?

Letzter Auftritt.

Die Vorigen. Sir Karl.

Karl. Wüthriche! Was habe ich euch gethan, daß ich noch dieß Leben, diese unausstehliche Qual länger fühlen muß? Nur Gott, meinen Vater und Lucien allein habe ich beleidigt. Wer mehr als sie hat ein Recht mich zu quälen? Und wie schrecklich quälen sie mich? Ein unauslöschliches Feuer, die Hölle selbst mit allen ihren Martern brennt im Innersten meiner Seele. Ha! sind noch neue Martern für mich übrig? Ist dieß nicht der Geist meines Vaters? der Geist Luciens? Welche Rache, welche Drohungen blitzen in ihrem Auge! Verbirg mich, Erde, verbirg mich! Sey gütiger als die Menschen, die mich verfolgen. Doch verdiene ich nicht alle diese Qual? Bin ich nicht ein Bösewicht, der schrecklichste, der jemals die Erde entheiligte? Warum bricht diese Erde nicht unter meinen Füßen? Himmel! wo sind deine Blitze? Doch laß mich leben, um mit jeder Minute meine Martern und meine Verzweiflung zu häufen. Ich habe diesen Vater, der mich so zärtlich liebte, diese Lucie die mir alles aufopferte, ermordet. Rächen Sie sich, Lucie! (er kniet vor Amalien nieder) Rächen Sie sich an Ihrem Verführer, an einem Meyneidigen, an Ihrem Mörder selbst. — Elende Schwester, durchstoß, durchstoß das Herz deines abscheulichen Gemahls!

Amalie.

Amalie. Ach Sir, fassen Sie sich, denken Sie nicht mehr an Lucien.

Karl. Ja Ungeheuer, ich will nicht mehr an dich denken. Bist du es nicht, die mich in den Abgrund hinabstürzet, der sich zu meinen Füßen öffnet? Bist du es nicht, Blutdürstige, die mir den besten, den zärtlichsten Vater geraubt hat? Was für Foltern sind mir die niederträchtigen Gefälligkeiten geworden, die du mir erwiesen hast! Eine jede derselben sey nunmehr so viel Pein für dich, als sie ehemals Glückseligkeit für mich war. Quäle sie, Hölle, quäle sie! Sie nur ist strafbar. — Welche Verwirrung, welche Finsterniß umnebelt meine Vernunft! Verzeihe, göttliche Lucie, verzeihe einem Unsinnigen. Ich und du, können beide unschuldig und unverdient elend unsere Häupter empor heben. Barbarischer Vater! du allein bist es, den wir anklagen müssen. Höre die Flüche deines Sohns und deiner Tochter. Sey elend, sey ewig elend wie sie, das Leben an dir zu rächen, das du ihnen gegeben hast. Deine Verbrechen zu strafen, sind wir geboren worden. Karl ist unschuldig. Er leidet, ohne es zu verdienen. Du Himmel! erröthe, daß du ihn gezwungen hast lasterhaft zu seyn.

(Geht ab.)

Amalie. Gott! höre seine neuen Beleidigungen nicht; seine Vernunft ist nicht in seiner Gewalt.

Robert. Geh, Jakob, und trage mit den Bedienten Sorgfalt für seine Sicherheit. — Komm, meine Amalie,

Amalie, laß uns mit einer stillen Ehrfurcht vor dies[er] Gerechtigkeit zittern, die auch die geringsten Verbrech[en] nicht ungerochen läßt. Laß uns aus Karls und L[u]ciens unglücklichem Beyspiele lernen, daß demjenige[n] das größte Laster nicht weiter zu abscheulich ist, der si[ch] nicht scheut, das allergeringste auszuüben.

Ende.